O obstinado amor de Deus

BRENNAN MANNING

O obstinado amor de Deus

Traduzido por FABIANO MEDEIROS

Copyright © 2003 por Brennan Manning
Publicado originalmente por NavPress, Colorado Springs, EUA.

Algumas das histórias ilustrativas aqui incluídas são verídicas e foram repro-
duzidas com a permissão das pessoas envolvidas. Todas as demais ilustrações
são reunidas de situações reais, e qualquer semelhança com pessoas vivas ou
mortas é mera coincidência.

Os textos das referências bíblicas foram extraídos da *Nova Versão Internacional* (NVI), da Sociedade Bíblica Internacional, salvo indicação específica.

Todos os direitos reservados e protegidos pela Lei 9.610, de 19/02/1998.
É expressamente proibida a reprodução total ou parcial deste livro, por
quaisquer meios (eletrônicos, mecânicos, fotográficos, gravação e outros),
sem prévia autorização, por escrito, da editora.

Dados Internacionais de Catalogação na Publicação (CIP)
(Câmara Brasileira do Livro, SP, Brasil)

Manning, Brennan

O obstinado amor de Deus / Brennan Manning ; traduzido por Fabiani Silveira Medeiros.
— São Paulo: Mundo Cristão, 2007.

Título original: The Rabbi's Heartbeat.
Bibliografia
ISBN 978-85-7325-499-0

1. Jesus Cristo – Pessoa e missão 2. Vida cristã I. Título.

07-7543   CDD—248.4

Índices para catálogo sistemático:
1. Guias de vida cristã: Cristianismo   248.4
2. Vida espiritual: Cristianismo   248.4
Categoria: Espiritualidade

Edição revisada segundo o Novo Acordo Ortográfico.

Publicado no Brasil com todos os direitos reservados pela:
Editora Mundo Cristão
Rua Antônio Carlos Tacconi, 69, São Paulo, SP, Brasil, CEP 04810-020
Telefone: (11) 2127-4147
www.mundocristao.com.br

1ª edição: outubro de 2007
19ª reimpressão: 2024

sumário

Introdução	9

Primeira parte: Vivendo de forma verdadeira

1. Em segurança	15
2. Amado	19
3. Perdoado	21
4. Médicos feridos	25
5. O impostor	31
6. Gente como a gente	37
7. Solitude	43

Segunda parte: Vivendo enraizado no amor

8. Adotado	49
9. Estilo de vida radical	53
10. Perfeito amor	59
11. Sobre sermos como crianças	63

Terceira parte: Vivendo sob a graça

12. A fé da ressurreição	71
13. A liberdade da ressurreição	75
14. Repartindo a água da vida	81
15. Espinhos e abrolhos	85

Quarta parte: Vivendo pelo coração

16. Recuperando a paixão	91
17. Buscando aprovação	97
18. Sendo e fazendo	103
19. Morte e vida	109
20. Reconciliação	115

Notas	123
Abreviaturas	125

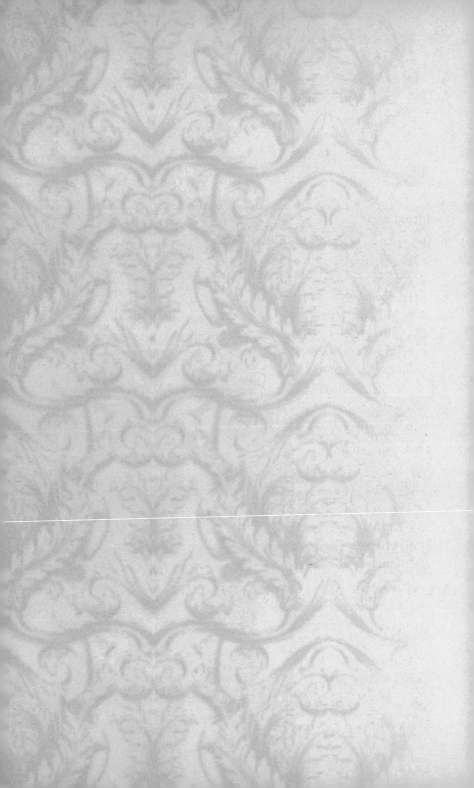

O Mestre não nos quer perfeitos, apenas verdadeiros. Ainda assim, às vezes é tão grande nosso esforço por agradar a Deus e por impressionar as pessoas — tão decididos estamos a ser os cristãos perfeitos —, que vemos nossa energia sugada e nos mortificamos em razão de nossa exterioridade escorregadia e de nossa hipocrisia interior. Sentimo-nos perigosamente frágeis, tão inertes e infrutíferos como a árvore no rigor do solstício de inverno.

Precisamos de uma transfusão de origem divina. O coração do Mestre bate por nós, não contra nós. Ele sempre arrancará o verde falsificado e a esterilidade de nossa hipocrisia, mas jamais quebrará o caniço rachado (cf. Mt 12.20 e Is 42.3) de nossa vida despedaçada. Os ramos deixados ao longo do caminho nunca são arrancados em consequência de sua repulsa, mas sempre constituem parte de sua cuidadosa poda.

Por isso, venha e, com Brennan, escute as batidas do coração do Mestre. Aproxime-se da realidade cálida daquilo que sua encarnação e ressurreição podem significar na rotina de sua vida. Sinta a vitalidade que retorna à alma quando você se aceita, recebe o amor do Mestre e se deleita com sua graça.

> "Eu resseco a árvore verde e faço florescer a árvore seca."
>
> Ezequiel 17.24

introdução

"Vejam como é grande o amor
que o Pai nos concedeu: sermos
chamados filhos de Deus, o que
de fato somos!"

1João 3.1

*"Nenhum pensamento o pode conter;
nenhum vocábulo o pode exprimir.
Ele está além de tudo o que possamos
racionalizar ou imaginar."*

B. Manning

*"Eu vim para que tenham a vida e a
tenham em abundância."*

João 10.10, BJ

O enigma sombrio da vida é iluminado em Jesus; o significado, o propósito e o alvo de tudo o que nos sucede, e como fazer que tudo valha a pena só podem ser aprendidos com o Caminho, a Verdade e a Vida. Nada que exista pode existir fora dos limites de sua presença; nela nada é irrelevante, tudo adquire importância.

A tristeza de Deus reside em nosso medo dele, da vida e de nós mesmos. Como o pai que acolhe os filhos nos braços ao fim de um dia longo e cansativo, assim Deus anseia envolver-nos em seu abraço. Qualquer que tenha sido seu passado ou presente, venha; recline-se no abrigo do amor que ele oferece e escute o pulsar do coração do Mestre. Permita que ele lhe ensine sobre a vida, sobre a morte e sobre a eternidade como filho querido de Aba. Sem titubear, enxergue-se como realmente é. Então observe quem você está destinado a ser à medida que transita pela terra como filho de Deus nesta jornada chamada "vida".

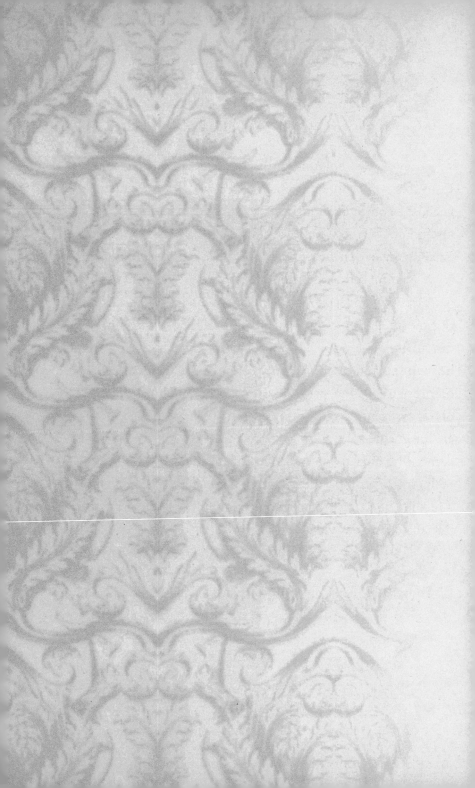

primeira parte

Vivendo de forma verdadeira

"Não tente segurar a mão de Deus; deixe que ele segure a sua. Deixe que ele cuide do 'segurar' enquanto você se concentra no 'confiar'."

H. William Webb-Peploe

"Eis o meu segredo. É muito simples: só se vê bem com o coração. O essencial é invisível para os olhos."

Antoine de Saint-Exupéry[1]

capítulo **1**

Em segurança

"Abandone de vez suas pontuações e renda-se com toda sua pecaminosidade ao Deus que não leva em conta nem os pontos, nem aquele que os marca, mas vê em você somente um filho, remido por Cristo."

Thomas Merton

"A vida em torno do falso eu gera o desejo compulsivo de apresentar ao público uma imagem perfeita, de modo que todos nos admirem e ninguém nos conheça."

B. Manning

Adão e Eva esconderam-se, e acabaram tornando-se nosso modelo de comportamento. Deus então nos convida a parar de nos esconder e a correr livremente para ele. Por que nos escondemos?

Simon Tugwell assim explica em seu livro *The Beatitudes* [As bem-aventuranças]:

> Ou fugimos da nossa realidade, ou forjamos um falso eu na maior parte admirável, suavemente cativante e superficialmente feliz. Por trás de alguma espécie de aparência que, esperamos, mostre-se mais agradável, ocultamos o que sabemos ser ou sentimos ser (aquilo que imaginamos ser inaceitável e não amorável). Ocultamo-nos por trás de rostos bonitinhos, que vestimos em benefício do nosso público. E com o tempo podemos até esquecer que estamos nos escondendo, começando a pensar que o rostinho bonito que assumimos é como realmente somos percebidos.[2]

Deus é o pai que correu ao filho pródigo quando este chegou em casa manquejando. Deus chora por nós quando a vergonha e o ódio de nós próprios nos paralisam. Deus nos ama como realmente somos — quer gostemos disso, quer não —, e nos chama, como chamou a Adão, para sairmos de nosso esconderijo seguro. Nenhuma quantidade de maquiagem espiritual nos poderá tornar mais apresentáveis diante dele. "Venha para mim agora", diz Jesus. "Reconheça e aceite o que quero ser para você: um Salvador de compaixão infinita, de paciência ilimitada, de um perdão difícil de aceitar e de um amor que não mantém nenhum registro de erros."

Acontecia sempre de nunca me sentir seguro comigo, a menos que desempenhasse de modo perfeito. Inconscientemente, eu havia projetado para Deus as sensações que eu nutria sobre mim mesmo. Sentia-me seguro com ele apenas quando me achava nobre, generoso e amoroso, sem cicatrizes, medos ou lágrimas. Perfeito!

Foi quando abandonei o esconderijo, numa manhã radiante, num retiro bem nas Montanhas Rochosas do Colorado. Jesus retirou de sobre mim a mortalha do desempenho perfeccionista, e eu, agora perdoado e livre, corri para casa. Isso porque percebi que Alguém esperava por mim. Impactado nas profundezas da alma, com lágrimas rolando sobre cada face, internalizei e por fim senti todas as palavras que um dia escrevi e proferi sobre o Amor persistente, inabalável. Naquela manhã, entendi que palavras não passam de palha se comparadas à Realidade. Foi quando dei um salto, deixando a condição de simples professor do amor de Deus para me tornar o deleite de Aba. Despedi-me do sentimento de pavor e disse *shalom* ao sentimento de segurança.

Que significa sentir-se em um lugar seguro? Naquela tarde registrei em meu diário:

> Sentir-me seguro é deixar de viver na mente, descer fundo ao coração e sentir que sou querido e aceito... sem precisar mais me esconder ou me distrair com livros, televisão, filmes, sorvete, conversas superficiais... permanecendo no presente sem escapar para o passado, *nem* me projetar no futuro, alerta e atento ao agora... sentindo-me tranquilo e não nervoso

ou tenso... sem necessidade alguma de impressionar ou deslumbrar as pessoas ou chamar a atenção para mim... Sem reservas, uma nova maneira de estar comigo mesmo, uma nova maneira de me conduzir no mundo... calmo, sem temores, nenhuma ansiedade sobre o que acontecerá no momento seguinte... amado e valorizado... simplesmente com tudo ajustado como um fim em si mesmo.

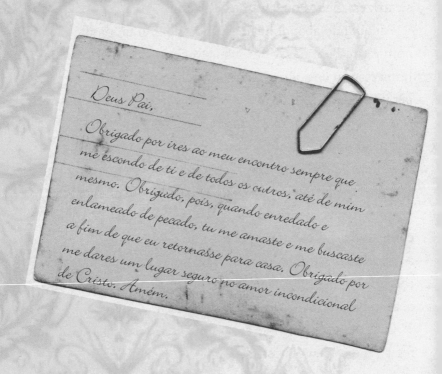

Deus Pai,

Obrigado por ires ao meu encontro sempre que me escondo de ti e de todos os outros, até de mim mesmo. Obrigado, pois, quando enredado e enlameado de pecado, tu me amaste e me buscaste a fim de que eu retornasse para casa. Obrigado por me dares um lugar seguro no amor incondicional de Cristo. Amém.

"... eu me gloriarei ainda mais alegremente em minhas fraquezas, para que o poder de Cristo repouse em mim."

2Coríntios 12.9

capítulo **2**

Amado

"... Estava à mesa, ao lado de Jesus, um de seus discípulos, aquele que Jesus amava. [...] reclinando-se sobre o peito de Jesus."

João 13.23,25, BJ

"... eu sabia haver somente um lugar para onde correr. Desci até o centro da alma, aquietei-me e ali parei para escutar as batidas do coração do Mestre."

B. Manning

Desde o primeiro instante de nossa existência, nosso mais profundo anseio é cumprir o propósito original de nossa vida, como mostra o cântico atribuído a Ricardo de Chicester, do século 13: "... mais claramente ver-te, mais intensamente amar-te, mais proximamente seguir-te...". Somos feitos para Deus, e nada mais nos satisfará de verdade. O desejo mais profundo do nosso coração é unir-nos a ele.

Procure um verdadeiro contemplativo — não alguém que ouve vozes angelicais e tem visões estonteantes de querubins, mas aquele que encontra Deus com confiança pura. O que lhe dirá essa pessoa? Veja o que responde Thomas Merton: "Entregue sua pobreza ao Senhor e reconheça diante dele sua nulidade. Quer você entenda, quer não, Deus o ama, está presente em você, vive em você, habita em você, chama-o, salva-o e oferece-lhe uma compreensão e uma compaixão diferentes de tudo o que você jamais encontrou em algum livro ou ouviu em algum sermão".[3]

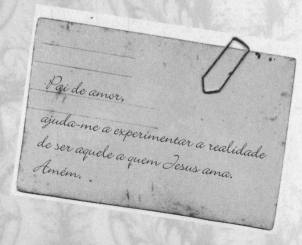

Pai de amor,

ajuda-me a experimentar a realidade de ser aquele a quem Jesus ama. Amém.

capítulo **3**

Perdoado

"Que acontece quando pecamos e fracassamos [...] quando a vida está caindo aos pedaços?"

B. Manning

"Fé é a coragem de aceitar ser aceito."

B. Manning

Uma das contradições mais chocantes da igreja americana é a profunda aversão que muitos discípulos de Jesus nutrem por si mesmos. Estão mais insatisfeitos com as próprias falhas do que jamais imaginariam estar em relação às de qualquer outra pessoa.

Nos meus 8 anos de idade, nasceu em mim, como forma de defesa contra o sofrimento, o impostor, ou o falso eu. O impostor que vive em mim sussurrava: "Brennan, jamais seja quem você de fato é, porque ninguém gosta de você como é. Invente um novo eu a que todos admirem e ninguém conheça". Tornei-me assim um bom menino: cortês, educado, discreto e respeitoso. Estudei com afinco, tirei as melhores notas, granjeei uma bolsa de estudos para o ensino médio, e a cada momento fui perseguido pelo pavor do abandono e da sensação de não ter ninguém ao meu lado.

Minha mente e meu coração, divorciados um do outro, arrastaram-se profundamente por todo o meu ministério. Durante dezoito anos proclamei as boas notícias do amor apaixonado e incondicional de Deus — completamente convicto na mente, mas sem senti-las no coração. Nunca me senti amado. Por fim, porém, após um intenso retiro em que busquei sondar o meu interior, vim a perceber que era verdadeiramente amado. No instante em que apreendi essa verdade monumental, comecei a prantear e a soluçar. Depois de esvaziar o cálice da minha dor, algo notável aconteceu: ouvi ao longe som de música e dança. Eu era ali o filho pródigo voltando para casa, manco; não um espectador, mas um participante. O impostor desvaneceu, e entrei em contato com o meu verdadeiro eu, como o filho de Deus que havia retornado.

"Venha para mim agora", diz Jesus. "Pare de projetar sobre mim o que sente a seu respeito. Neste momento sua vida é um caniço rachado que eu não quebrarei, um pavio fumegante que não apagarei. Você está num lugar seguro". Você é amado.

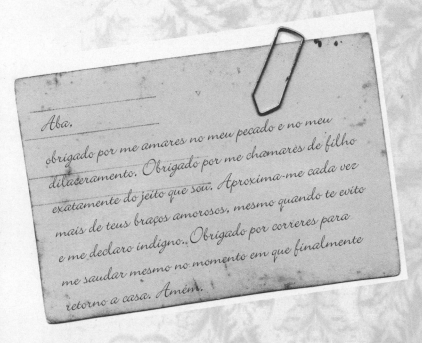

Aba,

obrigado por me amares no meu pecado e no meu dilaceramento. Obrigado por me chamares de filho exatamente do jeito que sou. Aproxima-me cada vez mais de teus braços amorosos, mesmo quando te evito e me declaro indigno. Obrigado por correres para me saudar mesmo no momento em que finalmente retorno a casa. Amém.

"Não quebrará o caniço rachado, não apagará o pavio fumegante, até que leve à vitória a justiça."

Mateus 12.20 (cf. Is 42.3)

capítulo **4**

Médicos feridos

*"Aquilo que nos recusamos a entregar
não pode ser curado."*

B. Manning

*"A serviço do Amor apenas
soldados feridos podem engajar-se."*

Thornton Wilder

Na peça *The Angel That Troubled the Waters* [*O anjo que agitava as águas*], baseada em João 5, Thornton Wilder dramatiza o poder do tanque de Betesda de curar as pessoas toda vez que um anjo agitasse suas águas. Um médico enfermo implora por ajuda, mas um anjo insiste em dizer que essa cura não é para ele. O anjo diz: "Sem suas feridas, onde estaria seu poder? [...] A serviço do Amor apenas soldados feridos podem engajar-se".

Os cristãos que permanecem no esconderijo continuam a viver uma mentira. Negamos a realidade do nosso pecado. Numa tentativa inútil de apagar o passado, privamos a comunidade de nosso dom curador. Se ocultamos nossas feridas, por temor ou vergonha, nossa escuridão interior não pode ser nem iluminada, nem tornar-se uma luz para os outros. Quando, porém, ousamos viver como homens e mulheres perdoados, unimo-nos aos médicos feridos e aproximamo-nos de Jesus.

Quando lidamos com nosso egoísmo e nossa estupidez, fazemos as pazes com o impostor e aceitamos o fato de estar empobrecidos e dilacerados, percebendo que, se assim não fora, seríamos Deus. A arte da gentileza para com nós mesmos nos leva a ser gentis com os outros — e é um pré-requisito natural para nosso acesso a Deus em oração.

Em seu livro *The Wounded Healer* [*O médico ferido*], Henri Nouwen mostra que a graça e a cura são transmitidas pela vulnerabilidade de homens e mulheres que foram fraturados pela vida e por ela tiveram o coração partido. Os Alcoólicos Anônimos (AA) são uma comunidade de médicos feridos. Assim escreveu o psiquiatra James Knight:

> Para essas pessoas, o alcoolismo e seus consequentes malefícios lhes deixaram a vida totalmente desprovida e as empurraram para a beira da destruição. Quando essas pessoas ressurgem das cinzas infernais do cativeiro que vicia, passam a ter entendimento, sensibilidade e a boa vontade de ter e manter encontros curadores com seus companheiros alcoólatras. Nesse encontro, não podem e não se permitirão esquecer seu dilaceramento e vulnerabilidade. Suas feridas são reconhecidas, aceitas e mantidas à mostra. Mais ainda, suas feridas são usadas para *iluminar* e para estabilizar sua vida, enquanto lutam por trazer a cura da sobriedade a seus irmãos e irmãs alcoólatras, e às vezes a seus filhos e suas filhas. A eficácia dos membros dos AA no cuidado e no tratamento de seus companheiros alcoólatras é uma das maiores histórias de êxito de nossos tempos, e ilustra de modo vívido o poder das feridas, quando usadas criativamente para aliviar o peso da dor e do sofrimento (grifo do autor).[4]

Rainer Maria Rilke, em *Letters to a Young Poet [Cartas a um jovem poeta]*, explica a eficácia de seu dom: "Não acredite que quem procura confortá-lo vive serenamente entre as palavras simples e tranquilas que às vezes fazem bem a você. A vida dele tem muita dificuldade e tristeza, e permanece bem atrás da que você leva. Não fosse assim, ele jamais teria conseguido encontrar essas palavras".[5]

As próprias feridas de dor e de tristeza cientificaram Rilke de sua pobreza interior e criaram um vazio que se tornou o espaço vago em que Cristo podia despejar seu poder curador. Aqui havia um eco do grito de Paulo: "... tomei com alegria a decisão de me orgulhar de minhas fraquezas, pois elas significam uma experiência mais profunda do poder de Cristo" (2Co 12.9, BJ).

A decisão de sair do esconderijo é nosso rito de iniciação no ministério curador de Jesus Cristo. Traz a própria recompensa. Permanecemos na verdade que nos liberta e vivemos a partir da Realidade que nos torna inteiros.

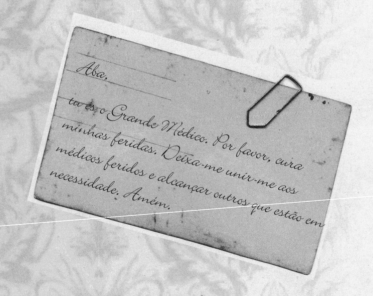

Aba,

tu és o Grande Médico. Por favor, cura minhas feridas. Deixa-me unir-me aos médicos feridos e alcançar outros que estão em necessidade. Amém.

"Deus tem uma longa tradição de usar o insignificante para conquistar o impossível."

Richard Exley

"Meça sua vida pelas perdas e não pelos ganhos; não pelo vinho consumido, mas pelo vinho oferecido, pois a força do amor se põe em sacrifício do amor, e o que mais sofre mais tem para dar."

Hudson Taylor

capítulo **5**

O impostor

"Miserável homem que eu sou!"

Romanos 7.24

*"Cada um de nós é eclipsado por uma
pessoa ilusória: um falso eu."*

Thomas Merton

"Nisto consiste o amor: não fomos nós que amamos a Deus, mas foi ele quem nos amou e enviou-nos o seu Filho como vítima de expiação pelos nossos pecados."

1João 4.10, BJ

O conceito de pecado de Thomas Merton não *se centra* em atos pecaminosos isolados, mas fundamentalmente no ato de optarmos por uma vida de fingimento. A vida em torno do falso eu gera o desejo compulsivo de apresentar ao público uma imagem perfeita, de modo que todos nos admirem e ninguém nos conheça. "Só pode haver dois amores fundamentais", escreveu Agostinho, "o amor a Deus, numa negligência do meu eu, ou o amor do eu, numa negligência de Deus."

Merton disse que a vida dedicada à sombra é uma vida de pecado. Pequei em minha recusa covarde — por temer ser rejeitado — de pensar, de sentir, de agir, de responder e de viver a partir do meu eu autêntico. Recusamos ser nosso verdadeiro eu até mesmo com Deus — e depois nos perguntamos por que nos falta intimidade com ele.

O ódio pelo impostor é na verdade o ódio de si mesmo. O impostor e eu constituímos uma só pessoa. O desprezo pelo falso eu dá vazão à hostilidade, o que se manifesta como irritabilidade geral — irritação pelas mesmas faltas nos outros que odiamos em nós mesmos. O ódio próprio sempre redunda em alguma forma de comportamento autodestrutivo.

Aceitar a realidade da nossa pecaminosidade significa aceitar o nosso eu autêntico. Judas não conseguiu encarar sua sombra; Pedro conseguiu. Este fez as pazes com o impostor interior; aquele se levantou contra ele. Quando aceitamos a verdade do que realmente somos e a rendemos a Jesus

Cristo, somos envoltos em paz, quer nos sintamos em paz, quer não. Quero dizer com isso que a paz que ultrapassa o entendimento não é uma sensação subjetiva de paz; se estamos em Cristo, estamos em paz, mesmo quando não sentimos nenhuma paz.

O Mestre nos diz: "Queime as velhas fitas que lhe giram na cabeça; elas o atam e o aprisionam, reduzindo-o a um estereótipo autocentrado. Escute a nova canção de salvação escrita para os que se sabem pobres. Abra mão do medo que sente do Pai e do desagrado que sente por si mesmo. O Pai das Mentiras torce a verdade e deturpa a realidade. Ele é o autor da insegurança e do ceticismo, da desconfiança e do desespero, do pensamento doentio e do ódio próprio. Eu sou o Filho da Compaixão. Você pertence a mim, e ninguém o arrancará de minha mão".

Jesus revela os verdadeiros sentimentos de Deus em relação a nós. Ao virarmos as páginas dos evangelhos, descobrimos que as pessoas que Jesus lá encontra são você e eu. O entendimento e a compaixão que ele oferece a elas, ele também estende a você e a mim.

Ao final daquele retiro especial no Colorado, escrevi uma carta para mim mesmo, para o meu impostor. Encerrei a carta escrevendo: "Quanto maior o tempo na presença de Jesus, mais você ficará acostumado com sua face e de menos adulação necessitará, porque terá descoberto por si mesmo que ele é suficiente. E, nessa Presença, você se encantará com a descoberta do que significa viver pela graça e não pelo desempenho".

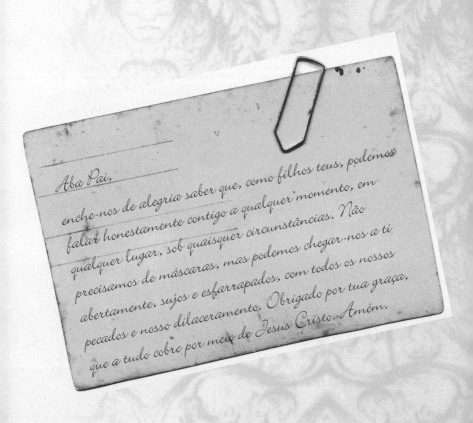

Aba Pai,

enche-nos de alegria saber que, como filhos teus, podemos falar honestamente contigo a qualquer momento, em qualquer lugar, sob quaisquer circunstâncias. Não precisamos de máscaras, mas podemos chegar-nos a ti abertamente, sujos e esfarrapados, com todos os nossos pecados e nosso dilaceramento. Obrigado por tua graça, que a tudo cobre por meio de Jesus Cristo. Amém.

"Se alguém confessa publicamente que Jesus é o Filho de Deus, Deus permanece nele, e ele em Deus. Assim conhecemos o amor que Deus tem por nós e confiamos nesse amor."

1João 4.15-16

capítulo **6**

Gente como a gente

"Porque Deus tanto amou o mundo que deu o seu Filho Unigênito, para que todo o que nele crer não pereça, mas tenha a vida eterna."

João 3.16

"Defina-se radicalmente como alguém amado por Deus."

John Eagan

John Eagan, que morreu em 1987, era um homem comum. Professor de ensino médio pouco aclamado, gastou trinta anos ministrando à juventude. Nunca escreveu um livro, nunca apareceu na televisão, nunca converteu as massas, nem jamais construiu uma reputação de santidade. Comia, dormia, bebia, percorria os Estados Unidos de bicicleta, perambulava pelas florestas, dava aula e orava. Ele mantinha um diário, que foi publicado pouco depois de sua morte. É a história de um homem comum, cuja alma foi seduzida e profundamente marcada por Jesus Cristo.

Assim se lê na introdução do livro: "O diário de John Eagan mostra que nós mesmos somos os maiores entraves à nobreza da nossa alma — que é o significado de 'santidade'. Consideramo-nos servos indignos. E esse juízo torna-se profecia autocumprida. Consideramo-nos tão sem importância, que dificilmente cremos poder ser usados mesmo por um Deus capaz de fazer milagres com nada mais que barro e saliva. E assim nossa falsa humildade acorrenta um Deus que deveria ser onipotente".[6]

Eagan, um homem imperfeito, com defeitos de caráter e fraquezas inegáveis, aprendeu que esse dilaceramento condiz com a condição humana, que precisamos perdoar a nós mesmos por não sermos amorosos, por sermos incoerentes, incompetentes, irritáveis e indisciplinados. Ele sabia que seus pecados não podiam afastá-lo de Deus. Todos tinham sido redimidos pelo sangue de Cristo. Em seu arrependimento, ele levou para a cruz o seu eu sombrio e ousou viver como um homem perdoado.

Lutando para encolher o eu ilusório, Eagan buscou levar uma vida de oração contemplativa com fidelidade implacável. Durante um de seus retiros dirigidos e silenciosos de oito dias, que costumava fazer todos os anos, visitou seu conselheiro espiritual:

> [O conselheiro] declara algo que ponderarei por muitos anos; ele o declara de forma muito refletida. Peço que o repita para que eu possa anotar. "John, o centro de tudo é isto: fazer do Senhor e de seu imenso amor por você o seu valor pessoal. *Defina-se radicalmente como alguém amado por Deus*. O amor de Deus por você e o fato de ele o haver escolhido constituem o valor que você detém. Aceite esse fato e deixe que passe a ser o que há de mais importante em sua vida."
>
> Então debatemos sobre o que me disse. A base do meu valor pessoal não são minhas posses, meus talentos, a estima que eu receba de outros, a reputação [...], o elogio e a apreciação de pais ou filhos, o aplauso, muito menos todos dizendo-lhe como você é importante para aquele lugar [...]. Estou agora ancorado no Deus diante de quem permaneço nu, esse Deus que me diz: "Você é meu filho, meu amado" (grifo do autor).[7]

O eu comum é o eu extraordinário — aquele ninguém despercebido que treme no frio do inverno e transpira no calor do verão, que desperta para o novo dia precisando ser reconciliado, que se senta diante de uma pilha de panquecas, ziguezagueia no trânsito, faz arruaças no porão, faz compras no supermercado, arranca as ervas daninhas e tira as folhas com o rastelo, faz amor e bolas de neve, solta pipa e escuta o som da chuva no telhado.

O impostor extrai sua identidade das conquistas do passado e da adulação das pessoas; já o verdadeiro eu reivindica sua identidade com base no fato de ser amado. Encontramos Deus no corriqueiro da vida: não na busca por picos espirituais e por experiências místicas extraordinárias, mas simplesmente no fato de existirmos.

Deus criou-nos para a união com ele. Esse é o propósito original de nossa existência. E Deus é definido como amor (1Jo 4.16). Viver com a percepção de quanto somos amados é o eixo em torno do qual gira a vida cristã. Ser amados é a nossa identidade, o âmago da nossa existência. Não se trata apenas de um pensamento que reflete nosso senso de grandeza. É o nome pelo qual Deus nos conhece, e o meio de ele se relacionar conosco (Ap 2.17).

Quando preciso buscar uma identidade externa a mim, sou então atraído pelo acúmulo de riquezas, poder e honra. Posso também encontrar meu centro gravitacional nos relacionamentos. Quando extraio vida e significado de qualquer outra fonte que não o fato de eu ser amado, estou espiritualmente morto. Quando Deus é relegado a segundo plano, por trás de qualquer badulaque ou bugiganga, troquei a pérola de grande preço por fragmentos colorizados de vidro.

"Quem sou eu?", perguntou Thomas Merton, ao que ele mesmo respondeu: "Sou alguém amado por Cristo".[8]

Mike Yaconelli, cofundador do Youth Specialties [Especialidades para a Juventude],[9] conta sobre a época em que, abatido e desmoralizado, fez um retiro de cinco dias numa comunidade religiosa para pessoas com limitações físicas e mentais, sob a pregação de Henri Nouwen.

Yaconelli relata assim sua história:

> Por fim aceitei meu dilaceramento [...]. Sabia que estava destroçado. Sabia que era um pecador. Sabia que decepcionava a Deus continuamente, mas nunca tinha podido aceitar essa parte de mim. Ela me envergonhava. Vez após vez eu sentia a necessidade de me desculpar, de fugir de minhas fraquezas, de negar quem eu era e de me concentrar em quem deveria ser. Estava dilacerado, sim, mas sempre tentando jamais voltar a ficar destroçado — ou ao menos chegar ao ponto em que muito raramente eu estaria quebrado [...].
>
> Em L'Arche, ficou muito claro para mim que eu simplesmente havia compreendido de forma equivocada a fé cristã. Vim perceber que era em meu dilaceramento, em minha impotência, em minha fraqueza que Jesus se fazia forte. Era na aceitação da minha falta de fé que Deus poderia conceder-me fé. Era na aceitação do meu dilaceramento que eu poderia me identificar com o dilaceramento dos outros. Meu papel era me identificar com a dor dos outros, não mitigá-la. Ministério era compartilhar, não dominar; entender, não teologizar; cuidar, não consertar.
>
> Há um antegozo, uma eletricidade em torno da presença de Deus em minha vida que eu nunca experimentara antes. Só sei dizer que pela primeira vez em minha vida posso ouvir Jesus sussurrar-me todos os dias: "Michael, eu te amo. Você é amado". E, por alguma estranha razão, isso parece bastar.[10]

Não estamos aqui contemplando um gigante espiritual da tradição cristã, mas um evangélico comum que encontrou o Deus de pessoas comuns. O Deus que agarra réprobos e maltrapilhos pelo pescoço e os ergue para assentá-los com os príncipes e as princesas de seu povo. Esse milagre é suficiente para qualquer pessoa? Ou será que o trovão de "Deus tanto amou o mundo" foi tão abafado pelo rugido da retórica religiosa que não conseguimos ouvir a verdade de que Deus pode nutrir sentimentos ternos por nós?

Defina-se radicalmente como alguém amado por Deus. Esse é o verdadeiro eu. Qualquer outra identidade não passa de ilusão.

> "Arrependa-se e creia no evangelho, diz Jesus. Volte-se e creia que as boas-novas de que somos amados são melhores do que jamais ousaríamos sonhar, e crer nessa boa notícia, viver a partir dela e em direção a ela, além de apaixonar-se por ela, são a maior de todas as alegrias deste mundo. Amém. E venha, Senhor Jesus."
>
> Frederick Buechner

capítulo **7**

Solitude

"A solitude silenciosa faz nascer o verdadeiro discurso."

B. Manning

"Não reconhecer o valor de estar simplesmente com Deus, como o amado, sem nada fazer, é arrancar o âmago do cristianismo."

Edward Schillebeeckx

O silêncio não é a simples ausência de ruídos ou a interrupção da comunicação com o mundo exterior, mas o processo de atingir um estado de tranquilidade. A solitude silenciosa faz nascer o verdadeiro discurso. Não falo de isolamento físico; solitude aqui significa estar sozinho com o Só, experimentando o Outro transcendente e crescendo na percepção da própria identidade como alguém amado. É impossível conhecer outra pessoa intimamente sem passar um tempo com ela. O silêncio faz dessa solitude uma realidade. Já se disse: "O silêncio é a solitude em ação".

Assemelha-se muito à história de um executivo aflito que procurou um pai do deserto para se queixar sobre uma frustração que experimentava ao orar, sobre sua virtude defeituosa e sobre relacionamentos fracassados. O ermitão entrou em sua caverna e saiu com uma bacia e um jarro de água. Ao despejar a água na vasilha, a água caiu respingando e agitada. Por fim começou a se acalmar e ficou plácida e suave. "É o que acontece quando se vive constantemente no meio dos outros", disse o eremita. "Você não se vê como realmente é por causa de toda a confusão e perturbação. Você não consegue reconhecer a presença divina em sua vida, e a consciência de que é amado lentamente se esvai".

Leva tempo para a água se acalmar. Chegar à tranquilidade interior requer um tempo de espera. Qualquer tentativa de apressar o processo só faz agitar a água outra vez.

Os sentimentos de culpa podem ser suscitados imediatamente. O eu sombrio insinua que você é egoísta, que está perdendo tempo e fugindo das responsabilidades da família, da carreira, do ministério e da comunidade.

Mas a solitude silenciosa torna possível e pessoal o verdadeiro discurso. Se não estou em contato com o fato de eu ser amado, então não posso tocar a santidade dos outros. Se estou alienado de mim mesmo, sou da mesma forma um estranho para os outros.

A experiência ensinou-me que me conecto melhor com as pessoas quando me conecto com meu âmago. Quando permito que Deus me liberte de uma dependência pouco saudável das pessoas, escuto mais atentamente, amo mais altruistamente e sou mais compassivo e brincalhão. Levo-me menos a sério, percebo melhor a respiração do Pai no meu rosto e vejo que meu semblante se ilumina com o riso no meio de uma aventura que eu aprecio totalmente.

"Gastar" um tempo com Deus intencionalmente capacita-me a falar e a agir a partir de uma força maior, a perdoar em vez de alimentar o último ferimento aplicado contra meu ego machucado, a me entregar à magnanimidade nos momentos mesquinhos da vida. Capacita-me a me perder, ao menos temporariamente, contra um pano de fundo maior que o cenário dos meus temores e inseguranças, a simplesmente me aquietar e saber que Deus é Deus.

Como benefício colateral, praticar a solitude silenciosa capacita-nos a dormir menos e a sentir mais energia. A energia despendida na busca exaustiva do impostor por uma felicidade ilusória está agora disponível para ser focada nas coisas que realmente importam: amor, amizade e intimidade com Deus. A "voz calma e suave" (1Rs 19.12, BLH) é o que você precisa ouvir.

> "Pedi palavras! A vida dirigiu-me a uma floresta, pôs-me na solitude, em que o discurso é suave e a sabedoria se aproxima por meio da oração."
>
> Chester B. Emerson

> "Ouvindo o que havia ocorrido, Jesus retirou-se de barco, em particular, para um lugar deserto."
>
> Mateus 14.13

segunda parte

Vivendo enraizado no amor

"O Espírito de Deus se une com o nosso espírito para afirmar que somos filhos de Deus."

Romanos 8.16, BLH

capítulo **8**

Adotado

"Pensem no amor incrível que Deus demonstrou para conosco ao permitir que sejamos chamados 'filhos de Deus' — e não somos apenas chamados assim, mas de fato somos filhos de Deus."

1João 3.1, CH

Em sua jornada humana, JESUS experimentou Deus como nenhum profeta de Israel jamais havia sonhado nem ousado experimentar. Jesus era habitado pelo Espírito do Pai e recebeu um nome para chamar a Deus que escandalizaria tanto a teologia como a opinião pública de Israel, o nome que escapou da boca do carpinteiro nazareno: "Aba".

As crianças judias usavam essa forma íntima e coloquial de expressão quando se dirigiam aos pais. Como termo referente à divindade, no entanto, seu uso era sem precedentes, não só no judaísmo, mas em qualquer outra das grandes religiões do mundo. Joachim Jeremias escreveu: "Aba, como forma de se dirigir a Deus, é *ipsissima vox*, ou seja, expressão original e autêntica de Jesus. Somos confrontados com algo novo e estonteante. Aí reside a grande novidade do evangelho".[1] Jesus, o Filho Amado, não guarda essa experiência para si mesmo. Ele nos chama e convida para compartilhar do mesmo relacionamento íntimo e libertador.

Paulo escreveu: "... porque todos os que são guiados pelo Espírito de Deus são filhos de Deus. Pois vocês não receberam um espírito que os escravize para novamente temerem, mas receberam o Espírito que os adota como filhos, por meio do qual clamamos: 'Aba, Pai'. O próprio Espírito testemunha ao nosso espírito que somos filhos de Deus" (Rm 8.14-16). João, o discípulo "a quem Jesus amava", exclama: "Pensem no amor incrível que Deus demonstrou para conosco ao permitir que sejamos chamados 'filhos de Deus' — e não somos apenas chamados assim, mas de fato somos filhos de Deus" (1Jo 3.1, CH).

O maior presente que jamais recebi de Jesus Cristo foi a experiência com Aba. Minha dignidade como filho de Aba é a percepção mais coerente que tenho de mim mesmo.

Anos atrás, contei a história de um sacerdote de Detroit chamado Edward Farrell, que visitou seu tio na Irlanda quando este completava 80 anos. No grande dia, levantaram-se antes do alvorecer, saíram para caminhar em silêncio ao longo das margens do lago Killarney e pararam para observar o nascer do sol. Depois de um tempo lado a lado, fitando juntos o sol que se erguia no horizonte, de repente o tio se vira e começa a pular estrada abaixo. Estava radiante, fulgurante, sorrindo de orelha a orelha.

Seu sobrinho disse:

— Tio Seamus, você parece tão feliz.

— Estou mesmo, rapaz.

— Quer me contar por quê?

Seu tio de 80 anos respondeu:

— Claro... veja só... meu Aba gosta muito de mim.

Como você responderia se eu lhe fizesse essa pergunta? Você honestamente crê que Deus gosta de você, não apenas o ama porque teologicamente tem de amá-lo?

Jesus, porque nele "habita corporalmente toda a plenitude da divindade" (Cl 2.9), compreende como ninguém a ternura e a compaixão do coração do Pai. Por que Jesus amava pecadores, maltrapilhos e a turba que nada sabia da lei? Como seu Aba os amava, ele nada fazia por conta própria, mas apenas o que seu Aba lhe mandava fazer. Ao compartilhar refeições com as pessoas, pregar, ensinar e curar, Jesus demonstrou seu entendimento do amor indiscriminado do Pai — amor que faz raiar seu sol sobre bons e maus e derrama a chuva sobre justos e injustos (Mt 5.45).

Como o sol que brilha e a chuva que se derrama são concedidos tanto aos que amam a Deus quanto aos que o rejeitam, a compaixão do Filho abraça os que ainda vivem em pecado. O fariseu latente dentro de todos nós evita os pecadores. Jesus volta-se para eles com bondade graciosa. Mantém-se atento a eles por toda a vida para que se convertam, "o que é sempre possível até o último momento".[2]

Aba Pai, obrigado por me amares como teu filho, independentemente de minha condição. Amém.

"... a todos que o receberam deu o poder
de se tornarem filhos de Deus..."

João 1.12, BJ

capítulo **9**

Estilo de vida radical

"Um novo mandamento lhes dou: Amem-se uns aos outros. Como eu os amei, vocês devem amar-se uns aos outros. Com isso todos saberão que vocês são meus discípulos, se vocês se amarem uns aos outros."

João 13.34–35

"Amem, porém, os seus inimigos, façam-lhes o bem [...] e vocês serão filhos do Altíssimo, porque ele é bondoso para com os ingratos e maus."

Lucas 6.35

"Como você se porta com as pessoas todos os dias, independentemente da posição ou condição delas, é a verdadeira prova de fé."

B. Manning

Deus chama seus filhos a um estilo de vida que segue na contramão da cultura, perdoando num mundo que exige olho por olho — quando não pior. Se amar a Deus, no entanto, é o primeiro mandamento, se amar o próximo prova nosso amor por Deus e se é fácil amar os que nos amam, então amar nossos inimigos deve ser o distintivo filial que nos identifica como filhos de Aba.

O chamado para viver como filhos perdoados e perdoadores simplesmente não deixa ninguém de fora. As exigências de perdão são tão amedrontadoras que parecem humanamente impossíveis. Estão simplesmente além da capacidade da vontade humana que não experimenta a graça. Apenas a confiança ousada numa Fonte maior que nós pode nos capacitar a perdoar as feridas causadas pelos outros. Em momentos limítrofes como esses, há somente um lugar para o qual devemos correr: o Calvário.

Permaneça ali bastante tempo e assista ao Filho Unigênito de Aba morrer totalmente só em sangrenta desonra. Observe como ele respira perdão sobre seus torturadores no momento da maior crueldade e falta de misericórdia por parte deles. Nesse monte solitário, fora dos muros da velha Jerusalém, você experimentará o poder curador do Senhor moribundo.

Da perspectiva da experiência, a cura interior do coração raramente se constitui em catarse repentina ou libertação instantânea da amargura, da raiva, do ressentimento e do ódio. Consiste mais frequentemente num crescer suave em unidade com o Crucificado, que alcançou nossa paz pelo seu sangue na cruz. Isso pode demorar muito, porque as lembranças são ainda muito vívidas e a ferida ainda muito profunda. Mas *acontecerá*. O Cristo crucificado não é meramente um exemplo heroico para a igreja: ele é o poder e a sabedoria de Deus, uma força viva em seu atual estado ressurreto, transformando nossa vida e nos capacitando a estender a mão da reconciliação aos nossos inimigos.

O entendimento desencadeia a compaixão, que torna possível o perdão. O autor Stephen Covey relembra um episódio ao tomar o metrô num domingo. Numa tranquila volta pela cidade de Nova York, um homem e seus filhos entram abruptamente no trem. As crianças corriam desenfreadas, gritavam, berravam e se agarravam numa luta corpo a corpo sem que o pai fizesse nada para impedi-las.

Por fim, Covey virou-se para o pai e disse:

— Senhor, talvez o senhor pudesse restaurar a ordem aqui, pedindo a seus filhos que parassem e se sentassem.

— Eu sei que deveria fazer alguma coisa — replicou o homem. — Acabamos de vir do hospital. A mãe deles morreu faz uma hora. Simplesmente não sei o que fazer.[3]

Nosso coração de pedra torna-se coração de carne quando ficamos sabendo em que altura as pessoas choram.

Os filhos e as filhas de Aba devem ser as pessoas menos julgadoras. Devem ter a fama de se darem bem com pecadores.

Lembra-se da passagem de Mateus em que Jesus diz: "... sejam perfeitos como perfeito é o Pai celestial de vocês" (5.48)? Em Lucas, o mesmo versículo é traduzido: "Sejam misericordiosos, assim como o Pai de vocês é misericordioso"

(6.36). Estudiosos da Bíblia afirmam que as duas palavras, *perfeito* e *misericordioso*, podem ser reduzidas à mesma realidade. Conclusão: seguir Jesus em seu ministério de compaixão precisamente define o significado bíblico de ser perfeito como o Pai celestial é perfeito.

Minha identidade como filho de Aba não é uma abstração, nem um malabarismo de religiosidade. É a verdade central da minha existência. Viver na sabedoria que decorre da ternura de ser aceito profundamente influi na minha percepção da realidade, no modo em que respondo às pessoas e às situações da vida delas.

Como trato meus irmãos e irmãs dia após dia, sejam eles arianos, africanos, asiáticos ou latinos; como reajo aos bêbados sem-teto nas nossas ruas, cicatrizados pelo pecado; como respondo às interrupções das pessoas com quem antipatizo; como lido com pessoas comuns em sua incredulidade comum, num dia comum, falará a verdade de quem sou mais pungentemente do que o rótulo pró-vida no para-choque do meu carro.

A vida misericordiosa não é nem uma boa vontade sem esmero para com o mundo, nem a praga que Robert Wicks chamou de "simpatia crônica". O caminho da ternura evita o fanatismo cego. Em vez disso, procura enxergar com clareza penetrante. A compaixão de Deus em nossos corações nos abre os olhos para o valor singular de cada pessoa. "O outro é também o nosso 'nós'; e devemos amar a esse 'nós' em seu pecado como fomos amados em nosso pecado."[4]

Essa é a luta incessante de toda a vida. É o processo longo e doloroso de me tornar como Cristo no modo em que escolho pensar, falar e viver a cada dia. "O amor de Deus não é um amor condicional; é um entregar-se de coração aberto, generoso, que Deus oferece aos homens. Quem se dedica a limitar a operação do amor de Deus... não entendeu nada".[5]

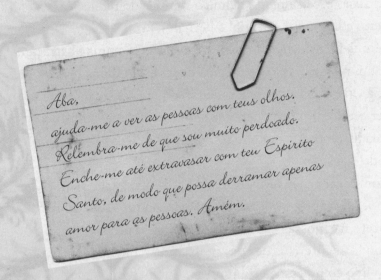

Aba,
ajuda-me a ver as pessoas com teus olhos.
Relembra-me de que sou muito perdoado.
Enche-me até extravasar com teu Espírito Santo, de modo que possa derramar apenas amor para as pessoas. Amém.

"Mas eu digo a vocês que estão me ouvindo: Amem os seus inimigos, façam o bem aos que os odeiam, abençoem os que os amaldiçoam, orem por aqueles que os maltratam [...] Não julguem, e vocês não serão julgados. Não condenem, e não serão condenados. Perdoem, e serão perdoados. Deem, e lhes será dado: uma boa medida, calcada, sacudida e transbordante será dada a vocês. Pois a medida que usarem também será usada para medir vocês."

Lucas 6.27,37,38

capítulo **10**

Perfeito amor

"Não tema, pois eu o resgatei; eu o chamei pelo nome; você é meu."

Isaías 43.1

"Deus é quem nos chamou pelo nome. O Deus ao lado de cuja beleza o Grand Canyon não passa de uma sombra nos chamou de amados."

B. Manning

"Como o Pai me amou, assim eu os amei; permaneçam no meu amor."

João 15.9

Imagine por um instante que numa fagulha de percepção você descobrisse que todas as suas motivações para o ministério são essencialmente egocêntricas, ou digamos que ontem à noite você ficou bêbado e cometeu adultério, ou imagine ainda que você deixou de atender um grito de socorro e o necessitado acabou se suicidando. O que você faria?

A culpa, a autocondenação e o ódio de si mesmo o consumiriam, ou você mergulharia na água e nadaria a toda velocidade em direção a Jesus? Assombrado por sentimentos de indignidade, você permitiria que a escuridão o sobrepujasse, ou deixaria Jesus ser quem ele é — Salvador de compaixão ilimitada e paciência infinita, Amante que não mantém nenhum registro de nossos erros?

Muitos de nós podem se lembrar de um momento de todo imprevisível em que fomos profundamente tocados por um encontro com Jesus Cristo — uma experiência de pico que trouxe imensa consolação e alegria cordial. Fomos tomados por maravilhamento e amor. Muito simplesmente, ficamos fascinados por Jesus, em amor com amor. Para mim, a experiência durou nove anos.

Depois disso, pouco tempo após a ordenação, fui acorrentado pelo sucesso. O aplauso e a aclamação no ministério abafaram a voz do Amado. Eu estava sob demanda. Que sentimento inebriante era ter minha pessoa admirada e minha presença exigida! À medida que aumentava minha disponibilidade incondicional e diminuía minha intimidade com Cristo, racionalizei que esse era o preço a ser pago por um serviço generoso aos empreendimentos do reino.

Anos mais tarde, a fama desvaneceu, e minha popularidade enfraqueceu-se. Quando a rejeição e o fracasso pela primeira vez fizeram sua aparição não desejada, eu estava espiritualmente despreparado para o arraso interior. A solidão e a tristeza invadiram minha alma. À procura de uma experiência que mudasse meus sentimentos, comecei a "encher a cara". Com minha predisposição para o alcoolismo, em dezoito meses eu era um alcoólatra inveterado. Abandonei o tesouro e fugi da santidade simples da minha vida.

Por último, fui para Hazelden, no Minnesota, em busca de tratamento. Quando passou o nevoeiro do alcoolismo, eu sabia haver somente um lugar para onde correr. Desci até o centro da alma, aquietei-me e ali parei para escutar as batidas do coração do Mestre.

Qual é o propósito dessa revelação? Para qualquer pessoa acorrentada pela opressão de pensar que Deus somente trabalha por meio de santos, tal descoberta oferece uma palavra de estímulo. Para quem cumpriu as palavras proféticas de Jesus a Pedro, "... antes que o galo cante hoje, três vezes você negará que me conhece" (Lc 22.34), ela oferece uma palavra de libertação. Para quem caiu na armadilha da descrença, da indiferença ou do desespero, ela oferece uma palavra de esperança.

Jesus é o mesmo ontem, hoje e para sempre (Hb 13.8). O modo que ele se relacionou com Pedro é como se relaciona conosco. A recuperação da paixão começa com um reexame do valor do tesouro, continua pela permissão de que o grande

Mestre nos segure contra seu coração e cumpre-se plenamente numa transformação pessoal da qual nem sequer teremos consciência.

> "No amor não há medo; ao contrário o perfeito amor expulsa o medo, porque o medo supõe castigo. Aquele que tem medo não está aperfeiçoado no amor."
>
> 1João 4.18

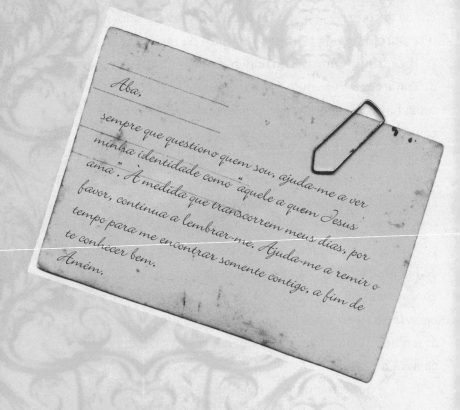

Aba,

sempre que questiono quem sou, ajuda-me a ver minha identidade como "aquele a quem Jesus ama". À medida que transcorrem meus dias, por favor, continua a lembrar-me. Ajuda-me a remir o tempo para me encontrar somente contigo, a fim de te conhecer bem.

Amém.

capítulo **11**

Sobre sermos como crianças

"... e disse: 'Eu lhes asseguro que, a não ser que vocês se convertam e se tornem como crianças, jamais entrarão no reino dos céus. Portanto, quem se faz humilde como esta criança, este é o maior no reino dos céus. 'Quem recebe uma destas crianças em meu nome, está me recebendo'."

Mateus 18.3-5

"Nossa criança interior não é um fim em si mesma, mas o limiar das profundezas de nossa união com nosso Deus, que habita em nós. É também um aprofundar-se na plenitude da experiência com Aba, bem como na percepção nítida de que essa minha criança interior é a criança de Aba, bem segura nele, tanto na luz quanto na sombra."

B. Manning

Em nítido contraste com a percepção farisaica de Deus e da religião, a percepção bíblica do evangelho da graça é a de uma criança que jamais experimentou coisa alguma a não ser o amor, de uma criança que tenta fazer seu melhor por ser amada. Quando comete erros, sabe que esses erros não põem em risco o amor de seus pais. A possibilidade de seus pais pararem de amá-la se ela não arrumar seu quarto nunca sequer lhe passa pela mente. Eles podem desaprovar seu comportamento, mas o amor deles não depende do desempenho dela.

Para o fariseu, a ênfase é sempre no esforço pessoal e na realização. O evangelho da graça realça a primazia do amor de Deus. O fariseu delicia-se com a conduta impecável; o filho deleita-se na ternura inexorável de Deus.

Teresa de Lisieux, em resposta à pergunta feita por sua irmã sobre o que ela tinha querido dizer quando falou sobre "permanecer como uma criancinha diante do bom Deus", afirmou:

> Significa reconhecer a própria insignificância, esperando tudo das mãos do bom Deus, assim como uma criancinha espera tudo de seu pai; significa não ficar ansioso de coisa alguma, não tentar assegurar o próprio sucesso [...] Ser pequeno é também não atribuir a si mesmo as virtudes que se pratica, como se nos acreditássemos capazes de alcançar alguma coisa, mas reconhecer que o bom Deus põe esse tesouro nas mãos de suas criancinhas para que o próprio tesouro faça uso de si

mesmo sempre que necessitar; é, porém, sempre, o tesouro do bom Deus. Por fim, nunca significa jamais nos desacorçoar pelas próprias falhas, porque as crianças frequentemente caem, mas são tão pequenas, que são incapazes elas mesmas de causar tamanho dano.[6]

Os pais amam um filho antes mesmo de ele deixar sua marca no mundo. As realizações futuras na vida do filho confiante não são o esforço por granjear aceitação e aprovação, mas o extravasar abundante que resulta do sentir-se amado.

A criança espontaneamente manifesta emoções; o fariseu cuidadosamente as reprime. Abrir-se para outra pessoa... é um sinal da presença ativa do Espírito Santo. Desconsiderar, reprimir ou abandonar nossos sentimentos é não conseguir escutar o toque do Espírito dentro da dimensão emocional da nossa existência. Jesus escutou as pessoas que sofriam, chorou por elas, sentiu-se frustrado, ficou irado com razão e sentiu tristeza por elas.

Espalhamos tantas cinzas sobre o Jesus histórico que mal sentimos mais uma vez o brilho de sua presença. Ele é um homem de uma maneira que esquecemos serem os homens capazes de ser: sincero, franco, emotivo, não manipulador, sensível, compassivo — sua criança interior tão liberada que ele não sentia ser pouco masculino chorar. Ele se encontrava com as pessoas de cabeça erguida e se recusava a entrar em qualquer acordo que comprometesse sua integridade. O retrato apresentado pelo evangelho da Criança amada de Aba é o de um homem incrivelmente afinado com suas emoções e sem vergonha de expressá-las. O Filho do Homem usava os sentimentos como antenas emotivas de alta sensibilidade às quais ouvia com cuidado e por meio das quais percebia a vontade do Pai.

O rosto que a criança apresenta é seu próprio rosto, e ela não olha para o mundo apertando os olhos e forçando a visão para conseguir enxergar os rótulos das pessoas. O fariseu interior gasta a maior parte do tempo reagindo a rótulos, seus e dos outros.

As qualidades positivas da criança — franqueza, dependência confiante, espírito lúdico, simplicidade, sensibilidade aos sentimentos — impedem-nos de nos fechar para as novas ideias, para as surpresas do Espírito e para as oportunidades arriscadas de crescimento. Minha criança interior é filho de Aba, bem firme em seus braços, tanto na luz quanto na sombra.

Considere as palavras de Frederick Buechner:

> Somos crianças, talvez, no exato momento em que sabemos que é na qualidade de crianças que Deus nos ama — não porque tenhamos merecido seu amor, nem apesar de nossa indignidade; não porque tenhamos tentado, nem porque reconhecemos a inutilidade das nossas tentativas; mas simplesmente porque ele escolheu nos amar. Somos crianças porque ele é nosso Pai; e todos os nossos esforços, frutíferos e infrutíferos, de fazer o bem, de falar a verdade, de entender, são os esforços de crianças que, mesmo com toda a precocidade, são ainda crianças, uma vez que, antes de o amarmos, ele nos amou, como filhos, por meio de Jesus Cristo, nosso Senhor.[7]

Aba,

Obrigado por me amares como teu filho, não por nenhum mérito meu, mas exatamente como sou. Obrigado por velares por mim na escuridão, por preservares e guiares meus passos. Por favor, ajuda-me a ser mais como criança em minha vida de fé. Amém.

terceira parte

Vivendo sob a graça

"... o segredo é simplesmente este: Cristo em vocês!
Isso mesmo, Cristo em vocês, trazendo consigo a
esperança de todas as gloriosas coisas vindouras."

Colossenses 1.27, CH

capítulo **12**

A fé da ressurreição

"Tudo o que desejo é conhecer a Cristo, e experimentar o poder que foi manifesto quando Ele ressuscitou dos mortos."

Filipenses 3.10, NTFL

"A Escritura apresenta somente duas alternativas: ou você crê na ressurreição e crê em Jesus de Nazaré, ou não crê na ressurreição nem crê em Jesus de Nazaré."

B. Manning

O que confere poder ao ensino de Jesus? O que o distingue dos ensinos do *Alcorão*, de Buda, de Confúcio? O Cristo ressurreto. Por exemplo: se Jesus não ressuscitou, podemos com segurança elogiar o Sermão do Monte como um tratado extraordinário de ética. Se, porém, ressuscitou, tal elogio não faz a menor diferença. O sermão torna-se o retrato de nosso destino final. O poder transformador da Palavra reside no Senhor ressurreto, que sustenta esse poder. Permita-me dizer outra vez: o poder dinâmico do evangelho flui da ressurreição. Quando pela fé aceitamos plenamente que Jesus é quem afirma ser, experimentamos o Cristo ressurreto. A Escritura apresenta somente duas alternativas: ou você crê na ressurreição e crê em Jesus de Nazaré, ou não crê na ressurreição nem crê em Jesus de Nazaré.

Para mim, a exigência mais radical da fé cristã reside em criar coragem para dizer "sim" ao caráter ressurreto de Jesus Cristo. Sou cristão por quase cinquenta anos. Vivi tempo suficiente para saber que o cristianismo é vivido mais no vale que nos picos, que a fé jamais é livre de dúvidas e que, embora Deus se tenha revelado na criação e na história, o meio mais seguro de conhecer a Deus é, nas palavras de Tomás de Aquino, conhecê-lo como *tamquam ignotum*, como totalmente incognoscível. Nenhum pensamento pode contê-lo, nenhuma palavra pode expressá-lo. Ele está além de tudo o que possamos racionalizar ou imaginar.

Meu "sim" para a plenitude da divindade corporificada no atual estado ressurreto de Cristo é assustador por ser tão pessoal. Sim é uma palavra ousada que não pode ser tomada levianamente nem proferida frivolamente. Esse "sim" é um ato de fé, uma resposta decisiva e sincera de todo o meu ser ao Jesus ressurreto, presente ao meu lado, diante de mim, ao meu redor e dentro de mim; um grito de confiança de que minha fé em Jesus fornece segurança não somente na morte, mas diante de uma ameaça pior, a da minha própria malignidade; uma palavra que deve ser repetida milhares de vezes no cenário em constante transformação da minha vida.

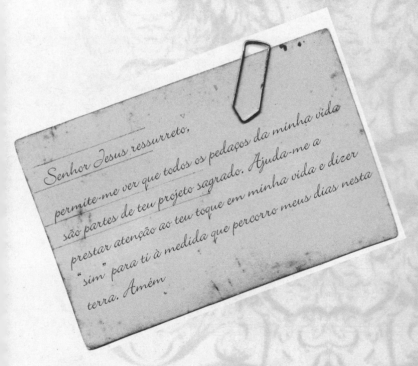

Senhor Jesus ressurreto, permite-me ver que todos os pedaços da minha vida são partes de teu projeto sagrado. Ajuda-me a prestar atenção ao teu toque em minha vida e dizer "sim" para ti à medida que percorro meus dias nesta terra. Amém

"O evangelho proclama um poder oculto no mundo: a presença viva do Cristo ressurreto."

B. Manning

capítulo **13**

A liberdade da ressurreição

"Ora, o Senhor é o Espírito e, onde está o
Espírito do Senhor, ali há liberdade."

2Coríntios 3.17

"A fé no atual estado ressurreto de
Jesus carrega consigo implicações
transformadoras para a dura e áspera
rotina da vida diária."

B. Manning

O Espírito é o presente de Páscoa de Jesus, o Cristo.[1] "Ao cair da tarde daquele primeiro dia da semana [...] Jesus entrou, pôs-se no meio deles e disse: 'Paz seja com vocês!' [...] E com isso, soprou sobre eles e disse: 'Recebam o Espírito Santo'" (Jo 20.19,22). Nas traduções mais antigas de 2Coríntios 3.17, o próprio Jesus ressurreto é chamado *pneuma*, "Espírito": "Ora, o Senhor é o Espírito e, onde está o Espírito do Senhor, ali há liberdade".

O atual caráter ressurreto de Jesus como "Espírito que dá vida" significa que posso enfrentar qualquer coisa. Não estou sozinho. "Oro também para que [...] vocês conheçam [...] a incomparável grandeza do seu poder para conosco..." (Ef 1.18–19). Contando, não com minhas reservas limitadas, mas com o poder ilimitado do Cristo ressurreto, posso encarar não apenas o impostor e o fariseu, mas mesmo a possibilidade da minha morte iminente.

Nossa esperança está inseparavelmente relacionada com a percepção consciente do atual estado ressurreto.

Como o Espírito do Senhor ressurreto, que dá vida, manifesta-se em "dias difíceis"? Em nossa disposição de permanecer firmes, em nossa recusa de fugir e nos esconder num comportamento autodestrutivo. O poder da ressurreição capacita-nos a entrar num confronto selvagem com emoções indomadas, a aceitar a dor... por mais atroz que possa ser. E, durante esse processo, descobrimos que não estamos sós, que podemos permanecer firmes na consciência do atual estado ressurreto e assim nos tornarmos discípulos mais plenos, mais profundos, mais ricos.

"Este mistério, [...] Cristo em vocês, [é] a esperança da glória" (Cl 1.27). A esperança sabe que, se forem evitadas as grandes provações, grandes feitos permanecem por fazer e aborta-se a possibilidade de a alma ser grande. O pessimismo e a derrota jamais são fruto do Espírito que dá vida, mas antes revelam que não estamos conscientes do atual estado ressurreto.

Quando a tragédia faz sua aparição não desejada, e ficamos surdos para tudo, a não ser para o grunhido de nossa própria agonia, quando a coragem sai pela janela e o mundo parece hostil e ameaçador, é a hora de nosso próprio Getsêmani. Nenhuma palavra, por mais sincera que seja, oferece conforto nem consolação. A noite é má. Nossa mente está entorpecida, nosso coração vazio, nossos nervos esfacelados. Como sobreviveremos à noite? O Deus de nossa viagem solitária não dá uma palavra.

Ainda assim, nessas que são as mais desesperadoras provações de nossa existência humana, pode acontecer de sentirmos, ultrapassando toda explicação lógica, uma mão com marcas de pregos segurando a nossa. Conseguimos, como escreveu Etty Hillesun, a judia holandesa que morreu em Auschwitz em 1943, "salvaguardar aquele pequeno fragmento de Deus dentro de nós"[2] e não dar lugar ao desespero. Sobrevivemos à noite, e a escuridão abre caminho para a luz da manhã. A tragédia altera radicalmente a direção de nossa vida, mas, em nossa vulnerabilidade e incapacidade de nos defender, experimentamos o poder de Jesus em seu atual estado ressurreto.

Sem o Cristo ressurreto, vivemos num mundo sem significado, um mundo de fenômenos em mutação, um mundo de morte, perigos e escuridão. Um mundo de uma inutilidade inexplicável. Nada é interligado. Nada vale a pena fazer, pois nada perdura. É tudo som e fúria sem uma importância fundamental.[3]

O enigma sombrio da vida é iluminado em Jesus; o significado, o propósito e o alvo de tudo o que nos sucede, e o modo de fazer que tudo valha a pena só podem ser aprendidos com o Caminho, a Verdade e a Vida.

Viver consciente do Cristo ressurreto não é uma busca fútil para o entediado e solitário, nem um mecanismo de defesa capacitando-nos a enfrentar a tensão e a tristeza da vida. É a chave que destranca a porta da percepção do significado da existência. Todos os dias, o dia todo, estamos sendo reformados segundo a imagem de Cristo. Tudo o que nos acontece é projetado para esse fim. Nada que exista pode existir fora dos limites de sua presença ("... todas as coisas foram criadas por ele e para ele", Cl 1.16); nela nada é irrelevante, tudo adquire importância.

Tudo o que é passa a existir no Cristo ressurreto. Todas as coisas — grandes, pequenas, importantes, sem importância, distantes e próximas — têm seu lugar, seu significado e seu valor. Por meio de uma união com ele, nada é desperdiçado. Nunca há um momento que não carregue importância eterna — nenhuma ação que seja estéril, nenhum amor que não seja experimentado e nenhuma oração que não seja ouvida.

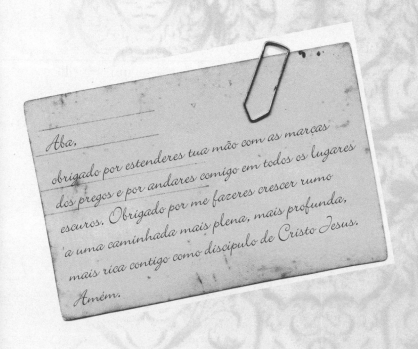

Aba,

obrigado por estenderes tua mão com as marcas dos pregos e por andares comigo em todos os lugares escuros. Obrigado por me fazeres crescer rumo a uma caminhada mais plena, mais profunda, mais rica contigo como discípulo de Cristo Jesus.

Amém.

```
  "E nós sabemos que Deus coopera em tudo
     para o bem daqueles que o amam..."

                              Romanos 8.28, BJ
```

capítulo **14**

Repartindo a água da vida

"Um novo mandamento lhes dou: Amem-se uns aos outros. Como eu os amei, vocês devem amar-se uns aos outros."

João 13.34

"Em cada encontro, ou damos vida, ou a sugamos. Não há intercâmbios neutros."

B. Manning

O atual estado ressurreto é o impulso para o ministério. "Ao ver as multidões, teve compaixão delas, porque estavam aflitas e desamparadas, como ovelhas sem pastor" (Mt 9.36). Essa passagem de extraordinária ternura oferece um vislumbre no interior da alma humana de Jesus. Mostra como ele se sente quanto aos seres humanos. Revela seu modo de olhar para o mundo, sua atitude não julgadora para com aqueles que procuravam amor nos lugares errados e seguiam a felicidade em buscas equivocadas. Ela é uma revelação simples de que o coração de Jesus bate da mesma forma ontem, hoje e para sempre.

Cada vez que os evangelhos mencionam que Jesus foi movido de profunda compaixão pelas pessoas, eles mostram que isso o levava a fazer alguma coisa — cura física ou interior, libertação ou exorcismo, alimento às multidões famintas ou oração intercessória. Acima de tudo, movia-o a dissipar as imagens deturpadas a respeito de quem ele era e de quem Deus era, afastando as pessoas das trevas para a luz. A compaixão de Jesus movia-o a contar a história do amor do Deus.

Nosso impulso de contar a história da salvação nasce de escutarmos as batidas do coração do Jesus ressurreto dentro de nós. Narrar a história não exige que nos tornemos ministros ordenados, nem pregadores espalhafatosos de rua, nem exige que tentemos converter as pessoas por concussão, com uma marretada da Bíblia na cabeça após outra. Simplesmente significa que compartilhamos com as pessoas o que nossa vida costumava ser, o que aconteceu quando encontramos Jesus e como é nossa vida agora.

O impostor encolhe-se diante da possibilidade de contar essa história porque teme ser rejeitado. É tenso e ansioso porque precisa contar consigo mesmo; seu poder é limitado por seus recursos irrisórios. Teme o fracasso.

O verdadeiro eu não se intimida. Animado e conduzido por um poder maior que o seu próprio, o verdadeiro eu encontra segurança basicamente na percepção do atual estado ressurreto de Jesus Cristo. Jesus, e não o meu eu, é sempre o âmago indispensável do ministério. "... sem mim vocês não podem fazer coisa alguma" (Jo 15.5). No momento em que nos reconhecemos impotentes, entramos na esfera libertadora do Ressurreto e somos libertos da ansiedade em relação aos resultados.

Quando se fechar a última cortina, talvez você terá contado a história a somente uma pessoa. Deus promete que qualquer xícara de água viva extraída da fonte e passada a outra pessoa não ficará sem recompensa.

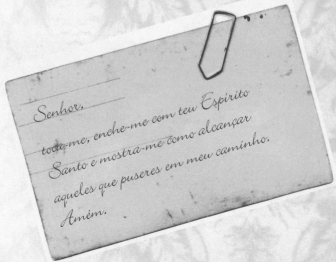

Senhor,
toca-me, enche-me com teu Espírito Santo e mostra-me como alcançar aqueles que puseres em meu caminho.
Amém.

capítulo **15**

Espinhos e abrolhos

"Aquele que os chama é fiel, e fará isso."

1Tessalonicenses 5.24

"A esperança sabe que, se forem evitadas as grandes provações, grandes feitos permanecem por fazer e aborta-se a possibilidade de a alma ser grande."

B. Manning

poiar-nos na consciência do atual estado ressurreto de Jesus é uma decisão custosa que exige mais coragem que inteligência. Noto em mim uma tendência de me afundar numa falta de percepção, de desfrutar sozinho de algumas coisas, de excluir Cristo, de segurar no meu abraço, só para mim, certas experiências e relacionamentos. Agravada por aquilo que alguém chamou "o agnosticismo da falta de atenção" — falta de disciplina pessoal em relação ao bombardeio da mídia, leituras rasas, conversas estéreis, oração superficial e uma sujeição dos sentidos —, a consciência do Cristo ressurreto fica cada vez mais indistinta. Assim como a falta da atenção nos relacionamentos humanos mina o amor, a confiança e a comunhão, assim também a falta de atenção ao meu verdadeiro eu, oculto com Cristo em Deus, obscurece a percepção do relacionamento divino. Como diz o velho provérbio: "Espinhos e cardos sufocam o caminho pouco trilhado". O coração outrora verdejante torna-se agora uma vinha arrasada.

Quando deixo Jesus de fora de minha consciência por desviar o olhar, o dedo pouco amigável do agnosticismo toca em meu coração. Meu agnosticismo não consiste na negação de um Deus pessoal; trata-se na verdade de uma incredulidade crescendo como líquen a partir da minha desatenção à presença sagrada. O modo em que gasto meu tempo e meu dinheiro e o modo em que reajo diante das pessoas rotineiramente testifica do grau da minha consciência ou falta dela.

Em *The Road Less Traveled* [*A trilha menos percorrida*], Scott Peck escreve: "Sem disciplina, nada podemos resolver. Com apenas alguma disciplina, podemos resolver alguns problemas. Com total disciplina, podemos resolver todos os problemas".

Com o passar dos anos, convenço-me ainda mais de que a disciplina da consciência do atual estado ressurreto de Jesus está intimamente ligada à recuperação da paixão.

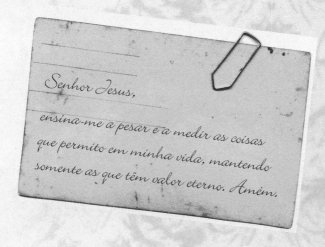

Senhor Jesus, ensina-me a pesar e a medir as coisas que permito em minha vida, mantendo somente as que têm valor eterno. Amém.

"Uma vida sem consciência não vale a pena ser vivida."

Sócrates

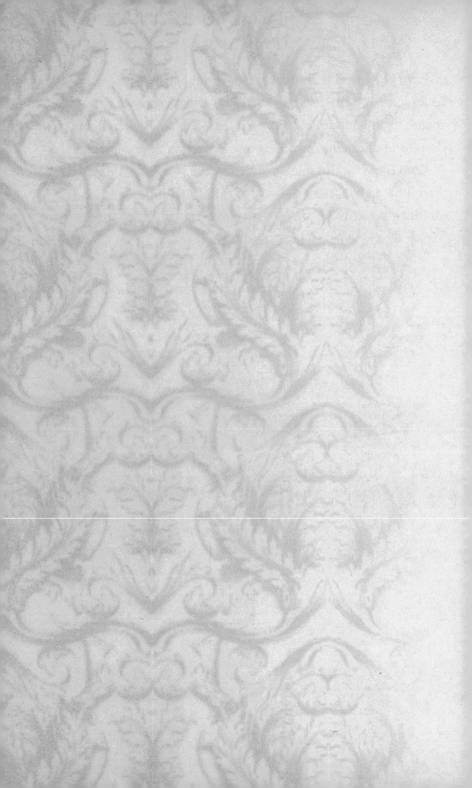

quarta parte

Vivendo pelo coração

"Então Jesus lhe disse: 'Porque me viu, você creu? Felizes os que não viram e creram'."

João 20.29

capítulo **16**

Recuperando a paixão

"Houve vezes em que preferi lascas baratas de vidro à pérola de grande preço."

B. Manning

"O reino dos céus é como um tesouro escondido num campo. Certo homem, tendo-o encontrado, escondeu-o de novo e, então, cheio de alegria, foi, vendeu tudo o que tinha e comprou aquele campo."

Mateus 13.44

O tesouro é Jesus Cristo. Uma coisa é descobrir o tesouro; outra, totalmente diferente, é declarar com determinação implacável e esforço tenaz que ele nos pertence.

A insignificância da nossa vida deve-se em grande medida ao nosso fascínio pelas quinquilharias e pelos troféus do mundo irreal que está se desfazendo. O sexo, as drogas, a bebida alcoólica, a busca por dinheiro, prazer e poder, mesmo um pouco de religião, todos suprimem a consciência do atual estado ressurreto. Qualquer que seja o vício — seja ele um relacionamento sufocante, uma dependência disfuncional ou mera preguiça —, embota-se nossa capacidade de ser tocados por Cristo.

Conta-se a história de um jovem judeu chamado Mordecai que tinha sido dedicado ao Senhor pelos pais. Mordecai cresceu em idade, em sabedoria e em graça, mas era um arruaceiro, amava o mundo, desperdiçando os dias e sonhando pelas noites. Seus pais fizeram-no sentar e lhe mostraram como a Palavra de Deus era importante. Quando, porém, chegava a hora de ele ir à sinagoga para aprender da Palavra de Deus, ele se recusava a deixar os lagos em que amava nadar e as árvores em que amava subir. Nada era capaz de convencê-lo.

Um dia, contudo, o grande Mestre visitou a aldeia e pediu para ficar a sós com o rapaz. Deixar o filho a sós com aquele leão horrorizava os pais, mas eles o deixaram. O Mestre então tomou o rapaz e o abraçou silenciosamente contra o seu coração. No dia seguinte, o rapaz começou a ir à sinagoga antes de ir para a floresta, para os lagos e para as árvores. E a Palavra de Deus tornou-se uma com as palavras de Mordecai, as árvores e o lago.

Mordecai cresceu e se tornou um grande homem que ajudou muitas pessoas. E, quando vinham a ele, ele dizia: "Aprendi da Palavra de Deus pela primeira vez quando o grande Mestre abraçou-me em silêncio contra o seu coração".[1] O coração falou ao coração.

Num recente retiro silencioso de cinco dias, detive-me o tempo inteiro no evangelho de João. Sempre que alguma frase fazia meu coração se agitar, eu a escrevia de próprio punho em meu diário. O primeiro de muitos registros era também o último: "... Estava à mesa, ao lado de Jesus, um de seus discípulos, aquele que Jesus amava. [...] reclinando-se sobre o peito de Jesus" (Jo 13.23,25, BJ). Não podemos apressar-nos em deixar esta cena em busca de revelação mais profunda, caso contrário perderemos um lampejo magnífico. João deposita a cabeça sobre o coração de Deus, sobre o peito do Homem que o Conselho de Niceia definiu como "gerado de seu Pai, unigênito, isto é, da substância do Pai, Deus de Deus, luz de luz, Deus verdadeiro do verdadeiro Deus".

Esse pode ser um encontro pessoal, influenciando radicalmente nosso entendimento de quem Deus é e o que nosso relacionamento com Jesus deve ser. Deus permite que um judeu jovem, reclinando-se nos trapos de seus vinte e tantos anos, escute as batidas de seu coração!

Alguma vez já vimos o Jesus humano mais próximo de nós?

Claramente, João não se intimidava com Jesus. Não tinha medo de seu Senhor e Mestre. João foi profundamente tocado por esse Homem santo.

Temendo perder de vista a divindade de Jesus, distanciei-me de sua humanidade, como um antigo adorador protegendo os olhos do Lugar Santíssimo. Mas, quando João recosta-se sobre o peito de Jesus e escuta as batidas do coração do grande Mestre, ele chega a conhecê-lo de uma forma que ultrapassa o mero conhecimento cognitivo. Que tremenda diferença reside entre *saber sobre* alguém e *conhecê-lo*!

Num lampejo de entendimento intuitivo, João experimenta Jesus como o rosto humano do Deus que é amor. Assim, ao vir saber quem é o grande Mestre, João descobre quem ele mesmo é — o discípulo que Jesus amava. Para João, o cerne do cristianismo não era uma doutrina herdada, mas uma mensagem nascida em sua própria experiência. E a mensagem que ele declarava era: "Deus é amor" (1Jo 4.16).

A recuperação da paixão começa com a recuperação do meu verdadeiro eu como alguém amado. Se encontro a Cristo, encontro a mim mesmo, e, se encontro o meu verdadeiro eu, encontro a ele. Essa é a meta, o propósito de nossa vida. João não acreditava ser Jesus o mais importante; ele cria que Jesus era o único.

Se perguntássemos a João: "Qual é sua primeira identidade, o senso mais coerente que você tem de si mesmo?", ele não responderia: "Sou discípulo, apóstolo, evangelista", mas: "Sou aquele a quem Jesus ama".

Ler João 13.23-25 sem fé é ler sem proveito. Para arriscar levar uma vida de paixão, precisamos ser "impactados por" Jesus da mesma maneira que João; precisamos envolver-nos numa experiência com ele com a nossa vida em vez de com as nossas lembranças. Enquanto eu não deitar a cabeça no peito de Jesus, não escutar as batidas de seu coração e pessoalmente não me apropriar da experiência com Cristo que João vivenciou de maneira concreta, terei apenas uma espiritualidade *fragmentada*. O Cristo da fé não é menos acessível a nós em seu atual estado ressurreto do que era para o discípulo amado o Cristo da história em carne humana. Ver Jesus em carne e osso era um privilégio extraordinário, mas "... Felizes os que não viram e creram" (Jo 20.29).

Enxergar Jesus pelo prisma dos valores de João oferece um vislumbre incomparável sobre as prioridades do discipulado. Nosso relacionamento com Cristo ergue-se como mais importante que qualquer outra consideração. O que estabelece superioridade na comunidade cristã não é ofício, título ou jurisdição, dons carismáticos de línguas e cura ou a pregação inspirada, mas somente nossa resposta à pergunta de Jesus: "Você me ama?".

> "Que todas as suas expectativas se frustrem, que todos os seus planos fracassem, que todos os seus desejos se murchem e desapareçam, para que você experimente a impotência e a pobreza de uma criança, e cante, e dance no amor de Deus, que é Pai, Filho e Espírito."
>
> Larry Hein

capítulo **17**

Buscando aprovação

"Acaso busco eu agora a aprovação dos homens
ou a de Deus? Ou estou tentando agradar a
homens? Se eu ainda estivesse procurando
agradar a homens, não seria servo de Cristo."

Gálatas 1.10

"Sem uma consciência viva da minha
identidade essencial como filho de Aba,
é relativamente fácil ficar escravizado à
aprovação e à desaprovação das pessoas."

B. Manning

Anthony DeMello escreveu com toda a franqueza em *The Way to Love [O caminho do amor]*:

> Examine sua vida e veja como encheu o vazio dela com pessoas. Por conseguinte, estas exercem um total controle sobre você. Veja como elas controlam seu comportamento com a aprovação ou a desaprovação que lhe esboçam. Elas detêm o poder de mitigar sua solidão com a companhia que oferecem, de catapultar seu moral com o elogio que lhe estendem, de abatê-lo até as profundezas com crítica e rejeição. Observe como você gasta quase cada momento do dia aplacando e agradando as pessoas, sejam elas vivas ou mortas.[2]

No evangelho de João, os judeus são apresentados como incapazes de crer porque "aceitam a aprovação uns dos outros" (Jo 5.44, BLH). Parece haver uma incompatibilidade radical entre respeito humano e fé autêntica em Cristo. Os afagos ou o desprezo de nossos semelhantes tornam-se mais importantes que a aprovação de Jesus.

As opiniões dos outros exercem uma pressão sutil, mas controladora sobre as palavras que profiro e as que reservo; a tirania de meus semelhantes controla as decisões que tomo e as que me recuso a tomar. Tenho medo do que os outros possam dizer.

Peter G. van Breeman identificou o seguinte temor:

> Esse medo do ridículo paralisa mais poderosamente que um ataque frontal ou uma crítica áspera e sem rebuços. Quanto

bem deixamos de praticar por causa do nosso medo da opinião dos outros! Ficamos imobilizados só de pensar: "O que as pessoas vão dizer?". A ironia de tudo isso é que as opiniões que mais tememos não são as de pessoas que de fato respeitamos, mas, ainda sem nossa consideração, essas pessoas influenciam nossa vida mais do que somos capazes de admitir. Esse medo enervante de nossos semelhantes pode criar uma mediocridade pavorosa.[3]

Quando livremente consentimos com o mistério de nossa condição de amados e aceitamos nossa identidade essencial como filhos de Aba, lentamente nos tornamos independentes dos relacionamentos controladores. Tornamo-nos *voltados para o interior* e não mais *determinados pelo exterior*. As centelhas fugidias de prazer ou dor causadas pela afirmação ou pela privação das pessoas nunca desaparecerão inteiramente, mas diminuirá seu poder de induzir a autotraição.

Possuir o meu eu singular num mundo cheio de vozes contrárias ao evangelho requer enorme força. Nesta era de muita conversa religiosa vazia e estudos bíblicos em profusão, de vã curiosidade intelectual e de declarações pretensiosas de importância, a inteligência sem coragem está fadada à bancarrota. A verdade da fé tem pouco valor quando não é também a vida do coração. Antônio de Pádua, teólogo do século 13, abria cada aula sua com a frase: "De que vale o saber que não se traduza em amor?".

Em nossa cultura, as pressões da conformidade religiosa e do politicamente correto põem-nos face a face com o que Johannes Metz chamou "a pobreza da singularidade". A pobreza da singularidade é o chamado de Jesus para ficarmos totalmente sós quando a única alternativa que se nos apresenta é negociar nossa integridade. É um solitário "sim" aos sussurros do nosso verdadeiro eu, um agarrar-nos à nossa identidade essencial quando nos negam companhia e apoio comunitário. É uma determinação corajosa de tomar decisões não populares que expressem a verdade de quem somos — não de quem pensamos que devemos ser, nem de quem outra pessoa quer que sejamos. É confiar o bastante em Jesus para cometer erros e crer o suficiente para saber que sua vida ainda pulsará dentro de nós. É o render-se visceral, espontâneo de nosso verdadeiro eu à pobreza de nossa própria personalidade misteriosa e singular.

Em nome da prudência, o impostor horrorizado nos levaria a trair nossa identidade e nossa missão, qualquer que fosse ela: permanecer ao lado de um amigo nas fortes tempestades da vida, solidariedade para com o oprimido à custa de zombaria, recusa de ficar calado em face da injustiça, lealdade inabalável a um cônjuge ou qualquer chamado para um plantão solitário numa noite fria. Outras vozes esbravejam: "Não questione nem se oponha ao sistema. Diga o que todos os outros estão dizendo e faça o que estão fazendo. Estilize sua consciência para combinar com a moda deste ano. Dance conforme a música. Nem pense em levantar as sobrancelhas em sinal de surpresa, e assim não será evitado como um excêntrico. Faça concessões e "se faça". Você teria de se submeter de qualquer maneira".

Qualquer pessoa que alguma vez se tenha posicionado pela verdade da dignidade humana, não importa quanto tenha sido violada, e que, depois de se manifestar, viu recuarem os amigos que antes lhe davam todo o apoio ou até mesmo se oporem a ela por sua ousadia, sente a solidão da pobreza da singularidade. Isso acontece todos os dias com quem escolhe sofrer pela voz absoluta da consciência, mesmo naquelas questões que parecem insignificantes. Essas pessoas acham-se sós. Ainda estou por encontrar o homem ou a mulher que aprecie essa responsabilidade.

A medida da nossa profunda percepção do atual estado ressurreto de Cristo é nossa capacidade de nos posicionarmos pela verdade e enfrentar a desaprovação daquelas pessoas que realmente contam para nós, que nos são queridas. Não podemos mais seguir no encalço da multidão, nem ecoar as opiniões dos outros. A voz interior "Coragem! Sou eu. Não tenha medo" garante que nossa segurança repousa em não termos nenhuma segurança. Quando nos firmamos sobre nossos dois pés e assumimos a responsabilidade pelo nosso eu singular, crescemos em autonomia pessoal, em força e em liberdade do cativeiro da aprovação humana.

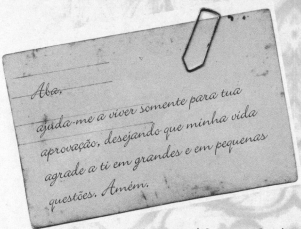

Aba,
ajuda-me a viver somente para tua aprovação, desejando que minha vida agrade a ti em grandes e em pequenas questões. Amém.

"A vida sem ferimentos não tem nenhuma semelhança com o Mestre."

B. Manning

capítulo **18**

Sendo e fazendo

"Mas quem ouve estas minhas palavras e não as pratica é como um insensato que construiu a sua casa sobre a areia."

Mateus 7.26

"A fé genuína nos leva a conhecer o amor de Deus, a confessar Jesus como Senhor e a ser transformados pelo que conhecemos."

B. Manning

Nas últimas décadas, tanto a psicologia quanto a religião têm depositado forte ênfase no ser em detrimento do *fazer*. Nos círculos religiosos, reagimos incisivamente contra a heresia das obras e contra a preocupação farisaica com o interminável fazer dos atos ritualísticos, que é o desfazer da religião autêntica. Fomos advertidos a não nos identificar com nossa carreira ou ministério, porque, quando a mudança chegar, junto com a velhice, a doença ou a aposentadoria, vamos nos sentir imprestáveis e inúteis e sem a menor ideia de quem somos.

Vemos aí uma sabedoria inegável. A tendência a uma auto-imagem baseada no desempenho de atos religiosos facilmente conduz à ilusão da autojustiça. Quando o senso de quem somos está atado a qualquer tarefa em particular — como servir num "sopão" ao ar livre, promover uma consciência ambiental ou dar instrução espiritual —, adotamos uma perspectiva funcional diante da vida, e o trabalho torna-se o valor central; perdemos contato com o verdadeiro eu e com a feliz combinação de dignidade misteriosa e pó pomposo que na realidade somos.

Ainda assim...

Embora reconheça a verdade contida nos parágrafos precedentes, quero afirmar que o que fazemos talvez seja muito mais decisivo e expresse muito mais a verdade essencial a respeito de quem *somos* em Cristo do que qualquer outra coisa.

Deixar que conceitos teóricos tomem o lugar de atos de amor mantém a vida a certa distância segura. Esse é o lado escuro de se elevar o fazer em detrimento do ser. Não é essa a acusação que Jesus lançou contra a elite religiosa de seus dias?

O compromisso cristão não é uma abstração. É uma maneira concreta, visível, corajosa e inabalável de estar no mundo sendo forjado por escolhas diárias que sejam coerentes com a verdade interior. Não passa de ilusão o compromisso que não se manifeste em serviço humilde, em discipulado sofredor e em amor criativo. Jesus Cristo é impaciente com ilusões, e o mundo não tem nenhum interesse em abstrações. "... quem ouve estas minhas palavras e não as pratica é como um insensato que construiu a sua casa sobre a areia" (Mt 7.26). Se desconsiderarmos essas palavras do grande Mestre, a vida espiritual não passará de fantasia.

Aquele que fala, especialmente se fala com Deus, pode exercer grande influência, mas o que age realmente mostra a que veio e prende muito mais a nossa atenção. Se quer saber em que uma pessoa realmente acredita, não apenas escute o que ela *diz*, mas observe o que ela *faz*.[4]

Jesus reforçou suas palavras com feitos. Não se intimidava com as autoridades. Parecia não se incomodar com as queixas da multidão de que ele transgredia a lei ao ir à casa de um pecador. Jesus quebrou a lei das tradições quando o amor pelas pessoas assim o exigia.

Em outro momento de seu ministério terreno, Jesus disse: "... o Filho do homem [...] não veio para ser servido, mas para servir..." (Mt 20.28). Na véspera de sua morte, Jesus tirou a capa, amarrou uma toalha na cintura, despejou água numa bacia de cobre e lavou os pés dos discípulos. *A Bíblia de Jerusalém* comenta que a forma de vestir e a tarefa desempenhada nesse episódio são típicas de um escravo.

Um mistério profundo: Deus torna-se escravo. Isso implica muito especificamente que Deus quer ser conhecido como servo.

João, o discípulo amado, apresenta uma imagem de Deus de dar nó na mente, dissipando todas as concepções prévias de quem era o Messias e o que significava o discipulado. Que inversão escandalosa e sem precedentes dos valores do mundo! Preferir ser o servo em vez de o senhor do lar é trajetória descendente numa cultura de disposições ascendentes. Zombar dos ídolos do prestígio, da honra e do reconhecimento, recusar a se levar a sério... dançar ao compasso de um percussionista diferente e livremente abraçar o estilo de vida de servo — são essas as atitudes que carregam o selo do discipulado autêntico.

O realismo cru do retrato que João traça de Cristo não dá margem para um idealismo romantizado, nem para um sentimentalismo piegas. O espírito de servo não é uma emoção, nem uma disposição ou sentimento; é uma decisão de viver como Jesus. Em nada se relaciona com o que sentimos; tem total relação, contudo, com o que fazemos — serviço humilde.

Quando o ser está dissociado do fazer, os pensamentos piedosos passam a ser um substituto satisfatório do ato de lavar pés sujos.

O chamado ao estilo de vida de servo é tanto uma advertência para que não nos deixemos seduzir pelo padrão secular da grandiosidade humana quanto uma chamada à fé corajosa. À medida que tomamos parte na experiência do lava-pés, Jesus trata diretamente conosco, exigindo nossa total atenção enquanto nos olha bem nos olhos e nos exorta de modo irresistível: "Se queres saber como Deus é, olha para mim. Se queres aprender que o teu Deus não vem governar, mas servir, observa-me. Se queres garantia de que não inventaste a história do amor de Deus, escuta as batidas do meu coração".

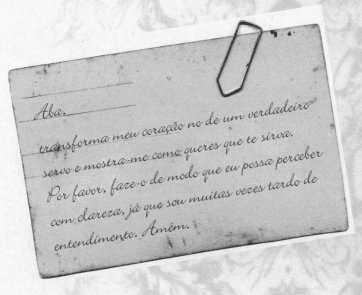

Aba,
transforma meu coração no de um verdadeiro servo e mostra-me como queres que te sirva. Por favor, faze-o de modo que eu possa perceber com clareza, já que sou muitas vezes tardo de entendimento. Amém.

> "A verdade da fé tem pouco valor quando não é também a vida do coração."
>
> B. Manning

capítulo **19**

Morte e vida

*"Mantenha a própria morte diante de
seus olhos todos os dias."*

Bento de Núrcia

*"Por essa razão, torno a lembrar-lhe que
mantenha viva a chama do dom de Deus
que está em você [...] Pois Deus não nos
deu espírito de covardia, mas de poder,
de amor e de equilíbrio."*

2Timóteo 1.6-7

Uma característica imponderável da psique humana é sua capacidade de fazer juízos suprarracionais sobre investimentos humanos vantajosos ao mesmo tempo que se recusa a ver a vida à luz da eternidade. Seja o senso de grandeza do viciado, a autoimportância do obcecado pelo trabalho, o interesse que tem por si mesmo o magnata da indústria cinematográfica ou a autoabsorção da pessoa comum em seus planos e projetos — tudo colabora para tecer a fantasia da invencibilidade, ou aquilo que Ernest Becker chama "a negação da morte".

Para muitos, a separação de pessoas amadas é dolorosa demais para ser concebida. Talvez, para a maioria de nós, o passo frenético da vida e as reivindicações imediatas do momento presente não deixam nenhum tempo, à exceção das fugidias reflexões em funerais, para contemplarmos com seriedade de onde viemos e para onde vamos.

Bento de Núrcia, fundador do monasticismo ocidental, brinda-nos com a sobriedade de seu conselho: "Mantenha a própria morte diante de seus olhos todos os dias". Não é um conselho para se entregar à morbidez, mas um desafio à fé e à determinação. Enquanto não entramos em acordo com esse fato fundamental da vida, como ressaltou Parker Palmer, não pode haver nenhuma espiritualidade que valha a pena sequer mencionar.

Oscilo para lá e para cá, entre um medo da morte e um senso vívido dela. Tenho mais medo da morte quando mais temo a vida. Quando estou ciente de que sou amado e quando estou atento ao atual estado ressurreto de Jesus, posso enfrentar a morte corajosamente. Tomo para mim aquilo em que Paulo se gloria: que a vida, naturalmente, significa Cristo, e a morte é um prêmio a ser conquistado (Fp 1.21). Sem temores, posso reconhecer que a tensão cristã autêntica não se dá entre a vida e a morte, mas entre a vida e a vida. Faço questão de afirmar as palavras do grande Mestre na véspera de sua morte: "... Porque eu vivo, vocês também viverão" (Jo 14.19). Acima de tudo, quando ele me segura silenciosamente contra o seu coração, posso até mesmo aceitar o terror do abandono.

Mas, quando a noite é mais escura e o impostor corre à solta, e me pego pensando quão bem desempenhei, e quão necessário sou, e quão seguro me sinto na afirmação dos outros, e quão notável é que me tenha tornado um jogador nessa coisa de religião, e quão merecedor sou de umas férias exóticas, e quão orgulhosa minha família está de mim, e quão glorioso o futuro parece ser — de repente, como uma névoa a subir das campinas, sou envolto em pensamentos de morte. Então tenho medo. Sei que por trás de todos os meus chavões cristãos e conversas sobre a ressurreição está latente um homem muito assustado.

Quando ouvimos os passos do anjo da morte, nossa percepção da realidade muda drasticamente. Com um tempo precioso a deslizar como areia numa ampulheta, rapidamente nos despedimos de tudo o que seja trivial e irrelevante e nos centramos somente em questões de interesse íntimo. Como disse certa vez Samuel Johnson: "A perspectiva de ser enforcado tem a maravilhosa capacidade de fazer concentrar a mente de um homem". Embora um ataque de pânico talvez seja nossa resposta inicial, logo percebemos que soluçar é um desperdício de tempo.

Em seu romance *The Nice and the Good [Os bondosos e os bons]*, Iris Murdoch retrata um homem preso numa caverna quando o nível da água está subindo. Ele pensa: "Se eu conseguir sair daqui, não julgarei mais ninguém... não julgarei, não serei superior, não exercerei poder, não buscarei, buscarei, buscarei. Amar, e reconciliar, e perdoar — só isso importa. Todo o poder é pecado, e toda a lei é fragilidade. O amor é a única justiça. Perdão, reconciliação, não lei".[5]

A negação da morte não é uma opção saudável para um discípulo de Cristo. Tampouco o pessimismo diante dos problemas de hoje. A mudança significativa nas prioridades que vem por viver 24 horas de cada vez não é mera resignação diante do que sabemos não pode ser mudado. Minha vida no confronto com provações e tribulações não é uma passividade estoica. No fim da minha vida, meu "não" ao desespero — um "não" que desafia a morte — e, no meio da minha vida, meu "sim" aos problemas aparentemente insuperáveis — um "sim" que afirma a vida — são ambos animados pela esperança no poder invencível do Jesus Cristo ressurreto e na "incomparável grandeza do seu poder para conosco, os que cremos" (Ef 1.19).

Não somos acovardados pela morte e pela vida. Caso fôssemos forçados a contar com nossos próprios recursos rotos, de fato seríamos pessoas deploráveis. Mas a consciência do atual estado ressurreto de Cristo convence-nos de que somos animados e carregados por uma vida maior que a nossa.

Cristo dentro de nós, que é nossa esperança de glória, não é uma questão de debate teológico ou especulação filosófica. Ele não é um passatempo, um projeto de tempo parcial, um bom tema para um livro ou um último recurso quando todo esforço humano fracassa. Ele é nossa vida, o fato mais real a nosso respeito. Ele é o poder e a sabedoria de Deus habitando dentro de nós.

O sábio professor William Johnston escreveu a um jovem colega: "Nunca elimine de sua consciência o pensamento a respeito da morte".[6] Às almas corajosas que anseiam abandonar a fantasia por uma vida de determinação, eu acrescentaria: "Nunca elimine deliberadamente a consciência do atual estado ressurreto... [mas] por um momento escute as batidas do coração do Mestre".

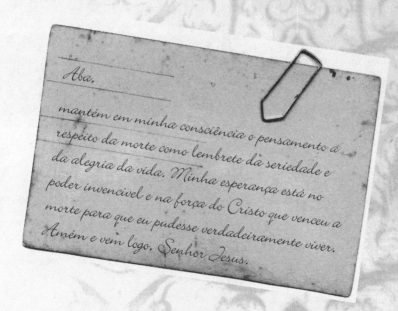

Aba,

mantém em minha consciência o pensamento a respeito da morte como lembrete da seriedade e da alegria da vida. Minha esperança está no poder invencível e na força do Cristo que venceu a morte para que eu pudesse verdadeiramente viver. Amém e vem logo, Senhor Jesus.

capítulo **20**

Reconciliação

*"... eu os verei outra vez, e vocês se alegrarão,
e ninguém lhes tirará essa alegria."*

João 16.22

*"A paz prometida, que o mundo não pode
dar, encontra-se num relacionamento correto
com Deus."*

B. Manning

"O amor de Deus não é condicional. Nada podemos fazer para merecer o amor de Deus — razão por que é chamado graça; e não precisamos fazer nada para gerá-lo. Já está lá. Qualquer amor, para ser salvífico, deve ser deste tipo: absolutamente incondicional e livre."

Beatrice Bruteau

"Se quiséssemos uma palavra para descrever a missão e o ministério de Jesus Cristo, reconciliação não seria uma má escolha."

B. Manning

Ocoração intocado é um dos mistérios escuros da existência humana. Ele pulsa sem paixão nos seres humanos com mentes preguiçosas, atitudes apáticas, talentos enterrados e esperanças sufocadas. Essas pessoas parecem nunca conseguir ultrapassar a superfície da vida. Morrem antes de aprender a viver.

Com anos desperdiçados em vãos arrependimentos, energias dissipadas em relacionamentos e projetos conduzidos a esmo, emoções embotadas, passivas diante de qualquer experiência que o dia proporcione, essas pessoas são todas como dormentes roncadores que se ressentem de ter tido sua paz perturbada. A desconfiança existencial delas em relação a Deus, ao mundo e mesmo a elas próprias subjaz nelas a incapacidade de assumir um compromisso apaixonado com qualquer pessoa ou com qualquer coisa.

O coração intocado deixa um legado de grandes aparências e pouco conteúdo, além de "muitas bolas de golfe perdidas". A simples vacuidade da vida não vivida garante que jamais se sentirá falta dessa pessoa. "Essas pessoas, vivendo de emoções emprestadas, tropeçando pelos corredores do tempo como os passageiros embriagados de um cruzeiro... nunca saboreiam a vida o suficiente para ser ou santos, ou pecadores."[7]

Paul Claudel certa vez declarou que o maior pecado é perder o senso do pecado. Se o pecado é apenas uma aberração causada por estruturas sociais, circunstâncias, ambientes, temperamentos, compulsões e educação opressivos, admitiremos a condição humana pecaminosa, mas negaremos que somos pecadores. Vemo-nos basicamente como pessoas aceitáveis, benevolentes, com manias e neuroses de menor monta que compõem a sorte comum da humanidade. Racionalizamos e minimizamos nossa capacidade aterradora de fazer as pazes com o mal e assim rejeitar tudo o que em nós não seja aceitável.

A essência do pecado reside na enormidade de nosso egocentrismo, que nega a dependência e a imprevisibilidade presentes no âmago do nosso ser e desloca a soberania de Deus com aquilo que Alan Jones chama "os 2% sugantes constituídos pelo nosso ser". Nosso fascínio por poder, prestígio e posses justifica a autoafirmação irredutível, não importa o estrago infligido sobre as pessoas. O impostor insiste em dizer que sair em busca da *"Pole Position"* é a única postura sensata num mundo em que vence o mais forte. A menos e até que enfrentemos nossa crueldade santarrã, não poderemos apreender o significado da reconciliação que Cristo efetuou no monte Calvário. Não podemos receber o que o Mestre crucificado tem para dar, a menos que admitamos nossa situação difícil e estendamos as mãos até que nossos braços doam.

Se quiséssemos uma palavra para descrever a missão e o ministério de Jesus Cristo, reconciliação não seria uma má escolha. "... ou seja, [...] Deus em Cristo estava reconciliando consigo o mundo, não levando em conta os pecados dos homens" (2Co 5.19).

A vida daqueles plenamente empenhados na luta humana será perfurada com buracos de bala. O que quer que tenha acontecido na vida de Jesus vai de algum modo acontecer conosco. As feridas são necessárias. A alma precisa ser ferida, bem como o corpo. É uma ilusão pensar que o estado natural e correto das coisas é viver sem feridas.[8] Os que usam coletes à prova de balas para se proteger do fracasso, do naufrágio e da mágoa nunca saberão o que é o amor. A vida sem ferimentos não tem nenhuma semelhança com o Mestre.

Pouco depois de entrar no seminário, fui a um sacerdote e lhe contei meus inumeráveis embates com a embriaguez durante meus três anos no corpo de fuzileiros e como lamentava sobre o tempo desperdiçado na autossatisfação. Para minha surpresa, ele sorriu e disse: "Regozije-se e alegre-se. Você terá um coração cheio de compaixão por aqueles que transitam por essa estrada solitária. Deus usará seu dilaceramento para abençoar muitas pessoas". Não devemos ser comidos vivos pela culpa. Podemos parar de mentir para nós mesmos. O coração reconciliado afirma que tudo o que me aconteceu tinha de acontecer para tornar-me no que sou — sem exceção.

Thomas Moore acrescenta esta percepção: "Nossas depressões, ciúmes, narcisismo e fracassos não estão na contramão da nossa vida espiritual. Na realidade, são essenciais a ela. Quando acolhidos, impedem que o espírito alce voos estratosféricos rumo ao perfeccionismo e ao orgulho espiritual".[9]

Somente num relacionamento da mais profunda intimidade permitimos que nos conheçam como realmente somos. Já é suficientemente difícil viver com a consciência de nossa avareza e superficialidade, de nossas ansiedades e infidelidades. Revelar nossos segredos escuros a outrem é intoleravelmente arriscado. O impostor não quer sair do esconderijo. Ele tomará o estojo de cosméticos e os aplicará sobre seu rostinho bonito para se tornar "apresentável". Com quem posso me abrir? Com quem posso abrir o coração? Não posso admitir que errei; não posso admitir que cometi um erro enorme, exceto a alguém que, sei, me aceitará.

Nossa salvação e força residem em confiarmos plenamente no grande Mestre, que partiu o pão com o pária da sociedade chamado Zaqueu. O fato de compartilhar uma refeição com um pecador famigerado não era meramente um gesto de tolerância liberal e de sentimento humanitário. Esse ato incorporava a missão e a mensagem dele: perdão, paz e reconciliação para todos, sem exceção.

A paz prometida, que o mundo não pode dar, encontra-se num relacionamento correto com Deus. A autoaceitação torna-se possível somente por meio de uma confiança radical na minha aceitação por Jesus exatamente como sou. E o significado das palavras do Mestre — "Veja, faço novas todas as coisas" — torna-se luminosamente claro.

Os que abriram a porta para Jesus, reclinaram-se à mesa e escutaram as batidas de seu coração experimentarão ao menos quatro lições. Primeira: escutar as batidas do coração do Mestre é imediatamente uma experiência trinitária. O momento em que você pressiona o ouvido contra o coração dele, instantaneamente ouve ao longe as pegadas de Aba. Não sei como isso acontece. Acontece simplesmente. É um movimento simples que parte da mera cognição intelectual à consciência experiencial de que Jesus e o Pai são um no Espírito Santo, o vínculo de ternura infinita entre eles.

Segunda: percebemos que não estamos sozinhos na Estrada dos Tijolos Amarelos.[10] O trânsito é intenso. Os companheiros de viagem estão em toda parte. Não é mais somente eu e Jesus. A estrada é pontilhada com o moral e o imoral, o belo e o repulsivo... e a palavra do Mestre, naturalmente, é amar a cada pessoa ao longo do caminho.

Terceira: quando nos reclinamos à mesa com Jesus, aprendemos que a recuperação da paixão está intimamente ligada à descoberta da paixão de Jesus.

Uma transação extraordinária acontece entre Jesus e Pedro na praia do Tiberíades... na forma de uma pergunta de travar o coração. "Você me ama?" O que está acontecendo aqui? O Jesus que morreu uma morte sangrenta, abandonado por Deus, para que pudéssemos viver, está perguntando se o amamos!

A vulnerabilidade de Deus em permitir-se ser afetado por nossa resposta e a mágoa de Jesus quando chorou sobre Jerusalém por não recebê-lo são totalmente estupefantes. Quando Deus vem jorrando para dentro de nossa vida no poder da sua Palavra, tudo o que ele pede é que fiquemos atordoados e surpreendidos, boquiabertos e com respiração ofegante.

Quarta: ocorre-nos a percepção de que Deus é totalmente Outro. Estamos na presença magistral de Deus. A fé se agita e nosso temor e tremor encontram expressão mais uma vez. Em adoração, movemo-nos para a tremenda pobreza que é a adoração de Deus. Mudamo-nos do Cenáculo, onde João havia reclinado a cabeça sobre o peito de Jesus, para o livro de Apocalipse, no qual o discípulo amado cai prostrado diante do Cordeiro de Deus.

Permita que o grande Mestre o abrace silenciosamente contra seu coração. Ao aprender quem ele é, descobrirá quem você é: o filho de Aba em Cristo, nosso Senhor.

"Hoje, no planeta terra, que você possa experimentar a maravilha e a beleza de você mesmo como filho de Aba e templo do Espírito Santo por meio de Jesus Cristo, nosso Senhor. Amém."

Larry Hein

notas

Primeira parte: Vivendo de forma verdadeira

[1] *O pequeno príncipe*. Com aquarelas do autor. 48. ed. revista., 13ª impr. Trad. Dom Marcos Barbosa. Rio de Janeiro: AGIR, 2004, p. 96.

[2] *The Beatitudes: Soundings in Christian Tradition*. Springfield: Templegate, 1980, p. 130.

[3] *The Hidden Ground of Love: Letters*. New York: Farrar, Strauss, Giroux, 1985, p. 146.

[4] James A. KNIGHT, MD, em Lillian ROBINSON, MD, org., *Psychiatry and Religion: Overlapping Concerns*. Washington: American Psychiatry Press, 1986.

[5] New York: W. W. Norton, 1962, cit. KNIGHT, op. cit., p. 36. (Publicado em português sob o título *Cartas a um jovem poeta*, Porto Alegre: Globo, 1978.)

[6] John EAGAN, *A Traveler Toward the Dawn*. Chicago: Loyola, p. 12.

[7] EAGAN, p. 150-151.

[8] James FINLEY, *Merton's Palace of Nowhere*. Notre Dame: Ave Maria Press, 1978, p. 96.

[9] Fundado há mais de trinta anos, Youth Specialties é uma organização comprometida em fornecer recursos de qualidade, treinamento e encorajamento para quem trabalha junto aos jovens em igrejas e em outras organizações que servem os jovens nos Estados Unidos e pelo mundo afora. (N. do T.)

[10] The back door, coluna em *The Door*.

Segunda parte: Vivendo enraizado no amor

[1] *The Parables of Jesus*. New York: Charles Scribner, 1970, p. 128. (Publicado em português sob o título *As parábolas de Jesus*. São Paulo: Paulinas, 1980.)

[2] Hans KÜNG. *On Being a Christian*. New York: Doubleday, 1976, p. 33. (Publicado em português sob o título *Vinte teses sobre o ser cristão*. Petrópolis: Vozes, 1979.)

[3] *Os 7 hábitos das pessoas altamente eficazes*, seminário gravado em áudio, Provo, UT.

[4] Robert J. WICKS. *Touching the Holy*. Notre Dame: Ave Maria Press, 1992, p. 87.

[5] J. B. PHILLIPS. *New Testament Christianity*. London: Hodder & Stoughton; New York: Macmillan, s.d., s.p.

[6] Teresa de LISIEUX, cit. Simon TUGWELL. *The Beatitudes: Soudings in Christian Traditions*. Springfield: Templegate, 1980, p. 138.

[7] Frederick BUECHNER. *The Magnificent Defeat*. San Francisco: Harper and Row, 1966, p. 135.

Terceira parte: Vivendo sob a graça

[1] Edward SCHILLEBEECKX. *For the Sake of the Gospel*. New York: Crossroad, 1992, p. 73.

[2] William BARRY. *God's Passionate Desire and Our Response*. Notre Dame: Ave Maria Press, 1993, p. 87.

[3] Don Aelred WATKIN. *The Heart of the World*. London: Burns and Dates, 1954, p. 94.

Quarta parte: Vivendo pelo coração

[1] John SHEA. *Starlight*. New York: Crossroad, 1993, p. 115-117.

[2] New York: Doubleday, 1991, p. 64.

[3] *Called by Name*. Denville: Dimension, 1976, p. 88.

[4] James MACKEY. Jesus: *The Man and the Myth*. New York: Paulist, 1979, p. 148.

[5] New York: Penguin, 1978, p. 315.

[6] *Being in Love*. San Francisco: Harper and Row, 1989, p. 99.

[7] Eugene KENNEDY. *The Choice to Be Human*. New York: Doubleday, 1985, p. 14.

[8] Thomas MOORE. *The Care of the Soul*. San Francisco: Harper Collins, 1992, p. 263.

[9] Idem, p. 112.

[10] Em O Mágico de Oz, Dorothy Ventania recebe a instrução de seguir por esse caminho, desde o País de Munchkin até a Cidade das Esmeraldas, a fim de obter do Mágico de Oz o auxílio de que necessitava. (N. do T.)

abreviaturas

BJ   A Bíblia de Jerusalém, ©1985, Sociedade Bíblica
Católica Internacional e Paulus (Editora Paulus).

BLH A Bíblia Sagrada: tradução na linguagem de hoje,
©1988, de Sociedade Bíblica do Brasil (Sociedade Bíblica
do Brasil).

CH   Cartas para hoje: uma paráfrase das cartas do Novo
Testamento, ©1960, 1972 de J. B. Phillips (Edições Vida
Nova).

NTFL Novo Testamento: versão fácil de ler, ©1999, de World
Bible Translation Center (Editora Vida Cristã).

Conheça outras obras de

Brennan Manning

- Colcha de retalhos
- Convite à solitude
- Deus o ama do jeito que você é
- Falsos metidos e impostores
- O anseio furioso de Deus
- O evangelho maltrapilho
- O impostor que vive em mim

Compartilhe suas impressões de leitura escrevendo para:
opiniao-do-leitor@mundocristao.com.br
Acesse nosso *site*: www.mundocristao.com.br

Diagramação:	Luciana Di Iorio
Revisão:	Theófilo Vieira
Capa:	Douglas Lucas
Fonte:	Schneidler
Gráfica:	Assahi
Papel:	Pólen Natural 70 g/m² (miolo)
	Cartão 250 g/m² (capa)